智媒时代的新闻传播研究系列丛书

空间可沟通性
传播视角下的上海人民广场研究

钟 怡 ◎著

复旦大学出版社

目　　录

导论 ·· 001
　第一节　理论视角与研究对象 ······································ 002
　第二节　对核心概念"可沟通性"的界定 ························ 022
　第三节　研究方法与全书脉络 ······································ 033

第一部分　空间改造与可沟通性的变迁

第一章　从跑马厅到人民广场：空间嬗变与传播实践 ········ 041
　第一节　作为媒介的跑马厅：再造西方交往场景 ········· 041
　第二节　1951年的大改造：从"集体空间想象"到"集体主义空间" ·· 055
　第三节　异质性的全球城市广场：人民广场的再改造 ···· 072
　第四节　改造和传承：历史的空间呈现 ························ 087

第二部分　媒介、人民广场与传播实践

第二章　作为实体空间的人民广场和公共生活 ················ 101
　第一节　政治节点：静态的象征与特定时刻的显现 ······ 101
　第二节　"广场芭蕾"与"亲切经验"：老上海人的社会交往空间 ·· 109

　　　　第三节　地下交通空间对人民广场的再形塑 …………… 117

第三章　多元建构：广场形象的塑造 ………………………… 129
　　　　第一节　大众媒介对人民广场的建构 …………………… 130
　　　　第二节　无广场之广场：对大众媒介建构的再解释 …… 139
　　　　第三节　新媒介建构：个体的"可见" ……………………… 150
　　　　第四节　大众文化对人民广场的建构 …………………… 160

第四章　虚实相嵌：作为动态流动空间的人民广场 ………… 173
　　　　第一节　从报廊到手机：媒介在人民广场的嵌入 ……… 175
　　　　第二节　个案分析：作为媒介的相亲角与相亲角中的
　　　　　　　　媒介 ………………………………………………… 187
　　　　第三节　个案分析：穿梭在虚实之间——以上海历史
　　　　　　　　博物馆为例 ………………………………………… 196

结论　城市空间与可沟通城市——媒介融合的视角 ………… 204

参考文献 ……………………………………………………………… 210

附录一　论文访谈对象情况列表 …………………………………… 219
附录二　访谈提纲 …………………………………………………… 222

后记 …………………………………………………………………… 229

导　论

本书的写作源于对当代中国建设可沟通城市（communicative city）的愿景。

在古希腊城邦生活中，城邦内的实体空间无疑是推动城邦公共生活和社会交往的重要模式。伴随着媒介技术的发展，人与人之间的远距离连接和沟通成为常态，麦克卢汉预言的"地球村"已经成为现实。在这样的情况下，实体空间在社会交往中的不可替代性开始受到争议。吉登斯用"脱域"生动地阐释了媒介技术作用下社会关系的构建与地域性关联之间的脱离；梅罗维茨指出，电子媒介弱化了社会交往、社会行为与物质地点之间的关联，他用社会地点来形容上述行为发生的场景，由此认为社会地点与物质地点在电子媒介的作用下得以分离；卡斯特指出，"电子通信与信息系统的发展容许日常生活功能的运作，逐渐与空间邻近性失去关联"[1]，因此他提出疑问：这是否意味着城市的终结？实际上，回到真实的城市生活中，人们很容易就会发现，城市空间的意义并没有因为媒介技术的突飞猛进而消弭。一方面，城市越野、城市马拉松、城市漫步等各类依托于城市空间的实践活动在近年来持续火爆；另一方面，伴随着移动媒介技术的发展而出现的"签到""打卡"

---

[1] ［美］曼纽尔·卡斯特：《网络社会的崛起》，夏铸九、王志弘译，社会科学文献出版社2001年版，第485页。

等活动,更是凸显了媒介技术与城市空间之间的密切互动。

本书的研究对象——上海人民广场一直以来都被视为上海的城市心脏,同时也是上海市地理位置的零公里所在地,被称为"上海零点"①。当前的上海人民广场是一个集政治、经济、文化、旅游和交通等于一体的结构丰富、功能多元的城市空间。本书选择这样一个城市空间作为研究对象想要探讨的问题是,如果以建设可沟通城市为愿景,作为传统城市沟通形态的城市空间在全球化、城市化、媒介技术的迭代等众多新趋势的交汇中,其空间形态、传播实践等发生了什么变化? 城市空间的可沟通性呈现出什么特征? 城市空间对建设可沟通城市具有什么意义?

第一节 理论视角与研究对象

一、传播视角下的城市空间

空间最早被认为是一种虚无和容器,即一种不可感知的、脱离社会环境和社会活动之外的物质,它是自然环境的一部分,而非一种社会创造出来的结构②。伴随着研究者对空间的认识的深入,空间的社会性逐渐被挖掘出来,这为后来者从人文社会科学的角度探讨空间问题提供了契机。由此,人文社会学科开始出现一种"空间转向"趋势。"空间转向"也为本书的研究提供了重要的理论视角。

---

① 熊月之、严斌林:《上海零点人民广场》,学林出版社2020年版,第25页。
② [加拿大]罗伯·希尔兹:《空间问题:文化拓扑学和社会空间化》,谢文娟、张顺生译,江苏凤凰教育出版社2017年版,第17、20、23页。

"空间转向"出现于20世纪中后期,但事实上,早在20世纪初,齐美尔就已经关注到空间在物质和社会两个层面都具有意义。齐美尔认为,在物质层面,"物体在空间中处于无情的排斥之中,没有一个物体部分跟另一个物体部分共存于一个空间"①;在社会层面,他指出,"并非空间,而是它的各个部分的由心灵方而实现的划分和概括,具有社会的意义"②。

福柯提出了空间权力批判的思想③。比如,他在论述监狱的构造时,认为全景敞视建筑之所以能够成为大多数监狱设计方案的建筑学纲领,原因就在于"它能够使建筑物最直接地向权力机构敞开一切",即全景敞视建筑的每一个环节设计都是为了监视的准确和便利而服务的④。

列斐伏尔在福柯的基础上进一步论述了空间的社会性,进而为促成人文社会学科的"空间转向"起到重要的推动作用。他认为,空间是由一种在某个(社会的和被决定的/决定的)空间实践里布展的力量(生产力)所生产的⑤;空间是社会性的,空间里弥漫着社会关系,它不仅被社会关系支持,也生产社会关系和被社会关系生产⑥。

索杰继承了福柯和列斐伏尔的空间思想,并概括出了"第三空

---

① [德]G.齐美尔:《桥与门——齐美尔随笔集》,涯鸿、宇声等译,上海三联书店1991年版,第1页。
② [德]齐美尔:《社会是如何可能的:齐美尔社会学文选》,林荣远编译,广西师范大学出版社2002年版,第291页。
③ 冯雷:《理解空间:20世纪空间观念的激变》,中央编译出版社2017年版,第164页。
④ [法]米歇尔·福柯:《规训与惩罚:监狱的诞生》,刘北成、杨远婴译,生活·读书·新知三联书店1999年版,第279—280页。
⑤ [法]亨利·列斐伏尔:《空间的建筑学》,刘怀玉、罗慧林译,载于陶东风、周宪:《文化研究》(第10辑),社会科学文献出版社2010年版,第3—44页。
⑥ [法]亨利·列斐伏尔:《空间:社会产物与使用价值》,王志弘译,载于包亚明:《现代性与空间的生产》,上海教育出版社2003年版,第47—58页。

间认识论"。他将人类对空间的认识论的发展划分为三个阶段:第一空间认识论偏重于关注"空间形式具象的物质性,可由经验描述的事物";第二空间认识论"在空间的观念之中构思而成,缘起精神或认知形式中人类空间性深思熟虑的再表征";"第三空间"是对第一空间和第二空间的"肯定性解构和启发性重构","发端于传统二元论的物质和精神空间,然而也在范域、实质和意义上超越了这两种空间"①。

地理学者哈维也从多个维度来理解空间,他提出了理解空间的三种方式:绝对空间、相对空间和关系空间。其中,绝对空间独立于物质存在,相对空间可以被理解为物与物之间的关系,关系空间则是将空间看作内嵌于物体的存在②。基于这样的认识,他强调了城市空间对城市的重要价值,认为城市人的特质展示在城市多样性的空间里,甚至在那些圈占起来的由社会管理或由私人和公共(或国家)利益共同占据的空间里。他还试图从"资本主义出发理解城市进程",认为城市空间应当是一种共享资源,但现在的城市空间却"处于国家权力和公共行政的管辖范围之内",或是被"资本化"了,因此出现了大量"占领城市公共空间"的政治活动③。

马克·戈特迪纳提出了"社会空间"的观点,强调社会和空间之间的相互作用,并将对城市空间的考察置于一个更大的大都市

---

① [美]索杰:《第三空间——去往洛杉矶和其他真实和想象地方的旅程》,陆扬等译,上海教育出版社 2005 年版,第 12—13 页。
② [美]大卫·哈维:《作为关键词的空间》,付清松译,载于陶东风、周宪:《文化研究》(第 10 辑),社会科学文献出版社 2010 年版,第 45—67 页。
③ [美]戴维·哈维:《叛逆的城市——从城市权利到城市革命》,叶齐茂、倪晓晖译,商务印书馆 2014 年版,第 73—75 页。

区域内。因此,来自大都市、全国甚至国际层面制定的决策,都会影响地方范围的福祉。空间安排可以同时以可预言的方式和没有预期的方式影响人类的行为和互动,个体也可以通过自己的行为和与其他人的相互影响,改变现存的空间安排并建构新的空间[1]。

上述研究将人们对空间的认识从原有的单一的物理介质推向多元化,并且启示本书从社会性视角来审视城市空间。秉承上述对空间的基本认识,结合已有的研究文献,本书认为,从传播学角度切入城市空间,主要可以从物质实体空间、媒介表征空间和媒介融合空间三个维度展开研究。

聚焦城市实体空间的传播学分析,主要关注其在实体交往层面和表征层面的意义。

城市规划学科早已言明,城市实体空间对人们的公共生活具有重要意义,好的城市空间设计应该对人们的社会交往具有积极的意义。例如,著名的丹麦城市规划师扬·盖尔认为,物质环境以及功能性、社会性的空间处理能够拓展或扼杀社会交往发展的机会,所以物质环境设计应该为更加广泛的交往机会创造条件[2]。在他看来,大到城市尺度、建筑物密度的规划,小到户外休闲座椅、照明设备、遮阳棚的设置等,都对城市空间中交往活动的发生和持续具有重要的影响。

城市人类学也关注到交流与城市空间之间的密切关联。例如,苏珊·史密斯在研究中将城市视为一个舞台,使用情节、剧本和表演的概念,描绘了发生在英国城市伯明翰的中心区的一场偶

---

[1] [美]马克·戈特迪纳、雷·哈奇森:《新城市社会学》(第四版),黄怡译,上海译文出版社2018年版,第24—25页。
[2] [丹麦]扬·盖尔:《交往与空间》(第四版),何人可译,中国建筑工业出版社2002年版,第57—58页。

然事件。肖特对此分析后指出:"空间不仅是背景,空间和地点对于给出何种表演以及该表演如何被接受也至关重要。"①

库蕾对古希腊城邦的研究则展示了城市实体空间丰富多元的传播意义。克琳娜·库蕾在书中直接指出,古希腊的交流的本质并不能从现代意义上的语言学、公共性等理论脉络上讨论,而应该从古希腊最大的社会特征——城邦入手,城邦决定了古希腊的交流结构②。她以古希腊城邦中的广场、圣殿、体育学校等为例,认为这些场所是展开研究的重要立足点。例如,由于广场这一空间的存在,城邦中的商谈、散步、宗教仪式、政治机会等才成为可能;圣殿为人与神的交流,以及社团活动、纪念活动等提供了空间等。

与此同时,在已有的研究中,城市还被广泛地视作一个可供阅读的文本,而城市实体空间建筑就是阅读城市、理解城市的重要组成部分。城市实体建筑空间不应当仅仅被视为承载城市公共生活的功能性场所,它对于城市的文化表征意义也应当被看到。与在城市中展开的各种活动一样,城市建筑也是表征城市特性的标志③。

这样的思想在建筑学、城市规划学领域早已被广泛认同。城市规划研究者凯文·林奇在20世纪中叶就提出,城市规划要关注"可意象性"。"可意象性"指建筑物质环境中蕴含的对于任何观察者都很有可能唤起强烈意象的特性。他认为,城市是供众多背景

---

① [英]约翰·伦尼·肖特:《城市秩序:城市、文化与权力导论》,郑娟、梁捷译,上海人民出版社2015年版,第276—279页。
② [法]克琳娜·库蕾:《古希腊的交流》,邓丽丹译,广西师范大学出版社2005年版,第3页。
③ [澳]德波拉·史蒂文森:《城市与城市文化》,李东航译,北京大学出版社2015年版,第117页。

千差万别的人享用的,因此,城市如果要适应将来的发展需求,在城市规划中就要注重意象的物质清晰性,允许意蕴自由发展①。贝淡宁和艾维纳则认为,城市建筑的设计和规划反映了不同的社会和文化价值,并且足以影响城市的气质和人们对城市的感知②。诺伯舒兹将场所精神作为核心论点。场所精神指的是利用建筑物赋予场所特质,并通过这些特质与人形成亲密的关系,使人们在具体的日常感受中归属于某一场所,拥有在世存有的一个立足点。基于此,他认为,仅仅建造实际的建筑和城市是不够的,还必须要通过建筑将场所精神具体化③。段义孚提出"地方"的概念,用以与"空间"形成区分,"地方"强调空间蕴含的价值、情感和意义等④。在段义孚看来,城市是一个出类拔萃的意义中心,充满了各种各样的象征物,这些象征物帮助城市建立起卓越的秩序⑤。

空间表征性的发扬在现实生活中比比皆是。以上海外滩为例,孙绍谊的分析指出,相较于建筑本身带来的直观物质体验,外滩万国建筑内在的指涉和象征意义更值得玩味。他指出,传统中国建筑美学一般以水平铺陈为特质,但外滩建筑群却以垂直性、矛盾性等特点改写了中国人的空间观。与此同时,外滩建筑群又以僭越传统景观的逻辑刺激着遭遇者的想象,赋予其震惊、称羡、新

---

① [美]凯文·林奇:《城市意象》,方益萍、何晓军译,华夏出版社2001年版,第6—7页。
② [加拿大]贝淡宁、[以]艾维纳:《城市的精神:全球化时代,城市何以安顿我们》,吴万伟译,重庆出版社2012年版,第2—3页。
③ [挪]诺伯舒兹:《场所精神:迈向建筑现象学》,施植明译,华中科技大学出版社2010年版,第23页。
④ [美]段义孚:《空间与地方:经验的视角》,王志标译,中国人民大学出版社2017年版,第9、110页。
⑤ 同上书,第143页。

奇、惑疑的繁复体验①。孙玮更加直截了当地指出,外滩是上海这座城市的媒介,它因现代性的交流本质而生成,伴随着时间的流转,外滩象征的文化扎根于市民的日常生活,变成了上海这座城市的精神气质,实现了实体空间作为媒介对于都市的意义②。

聚焦媒介表征空间的传播学分析,主要关注不同的媒介对城市空间的再现和建构。

"城市不单单是物质或生活空间,还是想象和再现的空间。"③城市具有多元、复杂、神秘、刺激等诸多特质,这一切都吸引着文学、艺术、电影、媒介等诸多领域对城市的再现。尤其是在媒介技术发达的当下,人们对城市的感知再也离不开媒介对城市的再现和建构,"媒介城市"成为现实④。麦奎尔(也译作麦夸尔)将媒介对城市的表征称为"表征范式"。

本雅明呈现了"城市漫游者"这样一种"自由穿行于城市街道马路,并通过自由的走动以及对外部世界的个人观感暂时颠覆城市体系的支配"⑤的城市个体。最重要的是,"城市漫游者"将他们对城市景观的体验和感觉转变为话语,从而对都市空间原有的意义发出挑战和予以重构⑥。本雅明的"城市漫游者"概念在一定程度上解释了在大众媒介出现之前,诗歌、小说、散文等文艺形式对

---

① 孙绍谊:《想象的城市——文学、电影和视觉上海(1927—1937)》,复旦大学出版社2009年版,第17—18页。
② 孙玮:《作为媒介的外滩:上海现代性的发生与成长》,《新闻大学》2011年第4期,第67—77页。
③ [英]加里·布里奇、索菲·沃森:《城市概论》,陈剑峰、袁胜育等译,漓江出版社2015年版,第1页。
④ 张伟博:《媒介、建筑与空间视角下的城市形象传播研究——以南京为例》,《现代城市研究》2020年第12期,第106—111页。
⑤ 孙绍谊:《想象的城市——文学、电影和视觉上海(1927—1937)》,复旦大学出版社2009年版,第20页。
⑥ 同上。

城市空间的再现和建构机制。

大众媒介出现之后,报纸、广播、电视通过不同的方式再现和建构了城市空间。其中,城市形象片是大众媒介时代媒介表征城市空间的一个典型案例。城市形象片运用影像技术集中再现了城市中的多种空间建筑,从而实现了对城市意象的塑造和对城市精神的建构。与文字时代的城市漫游者不同,影像技术对城市空间的再现往往是在视觉上对城市空间进行再加工,通过视角转换、拼贴组合、特效渲染等方式,赋予城市空间以一种崭新的视觉效果。例如,苏州城市形象片《家在苏州:一座诗意栖居的城市》利用水墨动画的形式对苏州地标进行技术处理,借此凸显了苏州的诗意[1]。

伴随着新媒介技术的发展,媒介对城市空间的表征形式越来越丰富,尤其是近年来,随着微博、微信、抖音等新的媒介形态的出现,个体也开始参与对城市空间的再现与建构,通过打卡、直播等方式,网红景点层出不穷。以抖音为例,平台用户拿着手机在城市空间移动,深入城市的多样化场景,通过拍照、摄像等方式重新设定了城市形象的意义。在这个过程中,个体的主体性得到极大的凸显。潘霁、周海晏等的研究发现,在抖音的数据统计中,全中国热度最高的博物馆不是故宫,也不是秦始皇兵马俑博物馆,而是"自拍圣地"——上海失恋博物馆。在这里,具有日常生活特性的以"爱的遗物"为主题的博物馆,战胜了以自然和人类文化遗产为主题的传统博物馆,主要原因就在于抖音对城市空间的再现是以个体的参与和个体的日常生活体验为首要特征的[2]。

---

[1] 曾一果:《从"怀旧"到"后怀旧"——关于苏州城市形象片的文化研究》,《江苏社会科学》2017年第4期,第170—177页。
[2] 潘霁、周海晏、徐笛等:《跳动空间:抖音城市的生成与传播》,复旦大学出版社2020年版,第7—10页。

文学艺术、大众媒介和新媒介对城市空间的再现并不是一种复刻,而是一种建构。这一过程反映了它的创造者与空间的关系①。在这个过程中,各种人为因素的渗透改变了人们对于城市的认知和人与城市的关系②。福柯所说的权力的运作与规训在媒介表征城市的过程中有着极为丰富的体现。例如,在大众媒介时代,由于绝大多数公众借由大众媒介的再现来认识和理解城市空间,大众媒介由此享有了塑造城市空间的"绝对权力"。假如大众媒介在这个过程中对公众进行信息误导,传播失实的信息,受众就有可能对城市空间和其所在城市产生恶性的刻板印象③。

聚焦媒介融合空间的传播学分析,主要关注不同媒介形态与城市空间的融合和互嵌。

伴随着移动互联网、手机、二维码、智能媒体等各种各样的新媒介技术的发展,媒介嵌入城市空间,与城市空间相互融合。这意味着新媒介技术不仅表征城市空间,还通过与城市空间的结合重构了城市空间。这一新现象的出现为从传播学角度研究城市空间提供了新的思路。

澳大利亚学者斯科特·麦奎尔指出,"日趋流动、即时并渗入城市空间的媒体集合,已经变成一个独特的社会体验模式的构成框架",媒体已经无法被视为一种与城市相分离的事物;相反,"现代社会生活的空间体验经由建筑结构与城市领地、社会实践和媒

---

① [澳]德波拉·史蒂文森:《城市与城市文化》,李东航译,北京大学出版社2015年版,第167页。
② 孙玮:《镜中上海:传播方式与城市》,《苏州大学学报》(哲学社会科学版)2014年第4期,第163—170页。
③ 周凯、庄鹏:《城市形象推广的传播学考察》,《西南民族大学学报》(人文社会科学版)2012年第7期,第139—142页。

介反馈之间的错综复杂的相互构造过程而崛起"①。因此,无论是考察城市空间,还是考察媒介,都应该将两者结合起来进行分析。他将城市称为"媒介-建筑复合体"②,将嵌入城市空间的媒介称为"地理媒介"③。他指出,"地理媒介"的概念由四个彼此关联的维度交叉构成,即融合、无处不在、位置感知和实时反馈。其中,融合既指新老媒介的融合,也指中介化交往与直接交往在城市公共生活中日益复杂、相互交织的关系;无处不在是指移动和植入式媒介及各类数字网络将媒介内容和无处不在、无时不在的网络连接嵌入城市空间,使城市空间成为媒介空间;位置感知指 GIS 软件、GPS 定位服务等提供了大量位置化的信息,从而形成了新的城市空间实践形式,甚至形成了新的城市逻辑;实时反馈指一种多人对多人的反馈回环成为可能,从而形成一种新的社会共时性体验,使得媒介与事件之间存在一种不确定性,并且全面地渗透于日常生活的缝隙,带来了人们日常生活的多样化④。

通过上述三个维度的分析可以发现,无论是城市肇始之初,还是当前的智能城市、全球城市时代,传播与城市空间一直都有千丝万缕的关系。媒介技术发展得越快,城市空间的传播现象就越丰富,传播与城市空间的关联就越紧密。正如麦奎尔所言,当前的城市空间同时也是媒介空间。因此,在当前这一媒介技术突飞猛进的时代,从传播学的角度来探索城市空间具有越来越凸显的重要性和必要性。

---

① [澳]斯科特·麦奎尔:《媒体城市:媒体、建筑与都市空间》,邵文实译,江苏教育出版社 2013 年版,第 1 页。
② 同上。
③ [澳]斯科特·麦夸尔:《地理媒介:网络化城市与公共空间的未来》,潘霁译,复旦大学出版社 2019 年版,第 1 页。
④ 同上书,第 1—4 页。

二、广场：传播密集型城市空间

拿破仑征服威尼斯之后在看到圣马可广场时发出由衷的赞叹："这是全欧洲最美的客厅。"客厅是家庭传播活动最为密集的地方。这意味着，在西方语境中，广场与城市社会交往存在密切的关系。无独有偶，怀特在论及城市空间时也赋予它极为特殊的意义。他认为，广场本身包括一个成功的城市场所应具备的全部资本要素[①]。沿着这样的思路，广场毫无疑问是西方城市中极为重要的公共空间。

中国古代城市也有广场，并且在不同的历史阶段发挥着不同的作用。新中国成立后，伴随着中国现代化建设的推进，中国的广场大多仿照西方广场的样式建设而成，所以，它们的精神内核也往往是中西融合的。要分析当代中国的广场，就必须要对西方广场和中国广场的发展展开溯源，由此方能理解当代中国广场这一城市空间的意义。

（一）溯源与发展：广场作为西方城市公共生活的媒介

在西方语境中，广场伴随着城邦的出现而滥觞。根据芒福德的研究，在古希腊城邦还未成形时，广场便已经在古老的希腊乡村展现了雏形，作为村庄长老们聚会的空间而存在[②]。广场真正的发端与发展也嵌于古希腊城邦的发展历程。

在古希腊城邦，广场最初只是"市内一块空旷无人的公共场所，围绕在圣殿周围或在重要的十字路口"[③]。随着城邦的不断发

[①] ［美］威廉·H.怀特：《小城市空间的社会生活》，叶齐茂、倪晓晖译，上海译文出版社2016年版，第2页。

[②] ［美］刘易斯·芒福德：《城市发展史——起源、演变和前景》，宋俊岭、倪文彦译，中国建筑工业出版社2005年版，第140页。

[③] ［法］克琳娜·库蕾：《古希腊的交流》，邓丽丹译，广西师范大学出版社2005年版，第38页。

展,广场上修建了圣殿,矗立起公共建筑物,又增加了商业网点①。至此,古希腊时期的广场成了"集宗教、政治、商业三种职能于一身"②的城邦空间,广场成了希腊城市的象征③。除了上述三大职能,古希腊的广场还是"人们打听消息和聊天的地方"和"政治辩论的场所"④。在古希腊广场,"信息和意见的交流与货物的交流有着同等重要的作用"⑤。由此可见,在人们的空间实践中,与古希腊城邦发展而伴生的广场逐渐发展成为一个集货物交换、信息流通、仪式典礼、意象表征等多元传播活动于一体的城市空间。

  古希腊广场的丰富性直接延伸到希腊化时代,伴随着希腊化时代城市规划的创新还发展出了一种标准的棋盘格式规划理念。在这种几何学形式的城市规划中,广场的形状也呈现为规则的长方形。而后,在广场周边,为了便于遮阳和方便行人,又出现了有顶盖的柱廊建筑⑥。

  广场在罗马由单纯的开放空间演进为完整的围场形式,并呈现出一种繁复的布局形式。圣祠、庙宇、法庭、议会以及开阔空间都是广场的组成部分,并且广场的简单性使得它具备多种功能。广场的重要性还体现在罗马广场不仅是罗马城的中心,还是整个罗马帝国的中心。不过,芒福德认为,罗马广场实际上并没有任何完全不同于希腊化原型的特点,它只是集中了更为丰富的活动,有序化程度更高,而且它把希腊化时代的城镇中已经出现的那些主

---

① [法]克琳娜·库蕾:《古希腊的交流》,邓丽丹译,广西师范大学出版社 2005 年版,第 38 页。
② 同上。
③ 同上书,第 37 页。
④ 同上书,第 40 页。
⑤ [美]刘易斯·芒福德:《城市发展史——起源、演变和前景》,宋俊岭、倪文彦译,中国建筑工业出版社 2005 年版,第 139 页。
⑥ 同上书,第 204、206、209 页。

题扩大了①。

在宗教占据主导地位的中世纪,城市对广场的规划更偏向实用主义。一个显著的特征就是,周围环境的需要成为决定广场形态的首要因素,因此,广场形态呈现多元化。这一时期,广场主要起着市场和公共集会、举行盛典的作用②。著名的圣马可广场就出现在这一时期。圣马可广场的建设和发展过程也呈现出广场在岁月沉淀中的"未完成性"和广场对政治、经济、文化等多个维度发展的表征意义。圣马可广场原来是圣马可教堂的一个苹果园,后来经过扩大,在公元976年建起了一个供香客朝圣时住宿的客栈;12世纪,在寓所附近首次建起了钟楼,并逐渐形成了广场;随后的300年中,总督府、旧市政大厦、公共图书馆等陆续在圣马可广场上建设了起来;广场上的最后一笔,即主教堂对面的建设,则是在1805年才完成③。

伴随着中世纪的瓦解,在文艺复兴、宗教改革等多股思潮中,涌现出一种极具代表性的建筑风格——巴洛克。巴洛克城市具有强烈的独裁意味,采用一种星形规划的方式,广场位于城市中心,并从这个中心放射出街道④。与此同时,这一时期也出现了一种不同于露天广场的新广场形式——居住广场。这种广场周围全是住所,没有商店和公共建筑,它将同一行业和同等地位的住家(以新生的上层阶级为主)聚集在一起,形成聚居⑤。

近现代资本主义的出现和发展以及工业化的生产导致城市不

---

① [美]刘易斯·芒福德:《城市发展史——起源、演变和前景》,宋俊岭、倪文彦译,中国建筑工业出版社2005年版,第237—239页。
② 同上书,第326—327页。
③ 同上书,第341—342页。
④ 同上书,第405—407页。
⑤ 同上书,第412页。

断扩大,特大城市的出现导致广场之于城市的重要性发生了变化。人们穿梭于城市(工作地)与郊区(居住地),经济、效率等支配了人们的城市生活。在这样的情况下,"如何成为一名陌生人或者与陌生人共处的问题"[①]在城市中不断涌现。城市公共生活的消弭使得一部分学者开始从城市空间的规划和设计中找寻解决问题的突破口。其中,广场作为自古希腊以来就十分重要的城市交往空间重新获得重视。克里夫·芒福汀认为:"公共广场也许仍然是城市设计中最重要的因素;它是装饰一个城镇或者城市以及区别二者差异的主要方法。它是最重要的城市及宗教建筑物的自然环境,一个为良好雕塑、喷泉及照明准备的场所,而最重要的,还是一个人们相会及社交的场所。"[②]

纵观广场在西方的出现与发展,其形态和功能在历史长河中发生了巨大的变化。但是,无论在什么时期,广场在西方人的城市生活中都发挥了重要的功能,并且往往与人际交往、公共生活的推进,甚至整个城市的整合都具有密切的联系。因此,从传播学的角度对广场展开研究,能够从西方广场的历史溯源中找到其内在的合理性。实际上,在大众媒介出现之前,广场是城市中重要的信息集散地。例如,在古希腊,人们前往广场打听消息,这意味着广场之于古希腊城邦就是一种类似于大众媒介的存在。

(二)从古代广场到当代广场:演绎基于时代背景的多元传播实践

与西方广场孕育于乡村一样,目前已经发现的最早的中国原始广场形制存在于仰韶文化初期的母系氏族村落,是当时氏族聚

[①] [美]理查德·桑内特:《公共人的衰落》,李继宏译,上海译文出版社2014年版,第74页。

[②] [英]克利夫·芒福汀:《街道与广场》,张永刚、陆卫东译,中国建筑工业出版社2004年版,第133页。

会、议事、宗教活动、老人与小孩居住的公共场所①。原始的中国广场承载着宗教活动、公共参与等原始社会最重要的社会生活，同时它也是人们居住、生活的场所。可见，中国广场的起源和作用与西方广场类似，承载着信息传递、社会交往、意义生成等功能。

傅崇兰等学者将中国传统广场的沿革按功能和建筑形式分为原始广场、坛庙广场、殿堂广场、寺庙广场、娱乐广场、市场性广场和阅武性广场②。其中，阅武性广场同时承载着练武、民间娱乐、市场贸易等多种功能，其他广场的功能则相对单一。

中国传统广场的另一个特点是作为"自上而下的、权威性的广场"③占据更为主要的位置。无论是承载着宗教权威、宗教祭祀的坛庙广场和寺庙广场，还是象征着君主威权的殿堂广场，都代表着一种单一流向的而不是互动的传播模式。代表居民生活方式的娱乐广场和市场性广场则主要承载居民之间的文化交往和商品交换，由于其功能的单一性，无法囊括西方语境中的公共交往。在詹金斯看来，中国传统广场中公共生活元素的缺乏，可能与"东方社会的传统文化中不存在建立社交空间和开放空间的传统文化有关"④。

伴随着西方建筑理念的传入，西式广场在中国各大城市陆续出现，在建筑形态上迅速取代了中国传统广场的样式。中华人民共和国成立后，中国各地更是兴起了一股城市广场的建造之风。

---

① 傅崇兰、白晨曦、曹文明等：《中国城市发展史》，社会科学文献出版社 2009 年版，第 673—677 页。
② 同上书，第 673—717 页。
③ 同上。
④ [美]艾瑞克·J.詹金斯：《广场尺度：100 个城市广场》，李哲、武赟、赵庆译，天津大学出版社 2009 年版，第 XIV 页。

由于特殊的时代背景,当时的广场在功能和形态上都有别于中国传统广场。在功能上,它们以政治集会作为广场的主要功能;在形态上,则以西式的现代化广场为主。改革开放后,景观广场、市民休闲广场、商业广场成为城市广场的主要样式。

综上所述,虽然中国的广场与西方的广场在功能、意义等层面有所不同,但它们同样是中国城市中重要的公共空间。这具体表现在,一方面,从空间位置来看,无论是北京的天安门广场还是上海的人民广场,都位于城市的正中心位置,是城市的重要表征;另一方面,无论是新中国成立之初以政治集会、政治游行为代表的广场政治生活,还是改革开放后一度火热的广场文艺演出,或是由"中国大妈"群体自行创制并已经传到海外的广场舞文化,广场都承载着不同历史时期中国人城市生活的丰富面向,是城市居民传播实践的重要空间。由此,虽然当代中国广场与西方广场公共交往的核心功能有所不同,但仍与传播有密切的关系。

三、作为研究场域的上海:作为媒介的城市

1842年,上海开埠。白吉尔认为这是"上海的命运发生根本性的转折的开始"①。开埠之后,上海作为港口城市的优势开始得到发挥,各种各样的西方事物首先传入上海,而后再由上海传到全国各地。上海成了中西方文化交流的媒介。在上海,中西方的文明在经历短暂的碰撞和冲突之后,逐渐走向沟通与融合。在这个过程中,上海的城市文化和城市精神得到了重塑。叶文心称上海是一座"中西交通"的城市,西方文化和中国传统文化这些"本质上

---

① [法]白吉尔:《上海史:走向现代之路》,王菊、赵念国译,上海社会科学院出版社2014年版,第2页。

相异的东西在上海不得不做某种沟通","都市人与都市环境的相互建构,才造就上海的繁华和破落,富足与贫困"①。20世纪二三十年代,上海被称为"摩登之都","摩登"(modern)意味着现代化,更意味着西方新事物在上海的落地及与上海本土文化的交融,中西文化得到了沟通。同时,上海又通过自身的独特魅力将西方传入的新生事物通过"上海化"的重构,传播到中国的其他地方。

20世纪90年代,上海又以日新月异的发展速度成为中国现代化建设的领头羊,是中国最国际化的城市。"中西交通"的"上海传统"在改革开放、上海开放后再次得到延续。经济中心、金融中心、贸易中心和航运中心意味着货物的交换和资本的流动,而这些无不与沟通、传播密切相关,上海又一次成为中国走向国际化的媒介。现在,上海被戏称为"魔都",这个"魔"字与上海国际化、全球化语境下的各种商品、资本、文化的沟通和交织融合所产生的"魔力""魔幻"密不可分。

如前所述,上海在历史上经历了两次现代化运动,而这两次现代化也引领了整个中国的现代化。中国现代史上的两次现代化运动都是以上海为龙头展开的②。上海之所以能成为中国现代化运动的先行者,与这座城市"中西交通"的媒介特质密不可分。作为沟通中西的媒介,上海在自身实现现代化的过程中也引领了中国的现代化形塑。自近代起的上海历史是一段沟通中外的历史,也是一段以城市为媒介的历史。

正如罗兹·墨菲所说:"上海提供了用以说明中国已经发生和

---

① 叶文心:《上海繁华:都会经济伦理与近代中国》,时报文化出版企业股份有限公司2010年版,第16页。
② 忻平:《从上海发现历史——现代化进程中的上海人及其社会生活1927—1937》(修订版),上海大学出版社2009年版,第1页。

即将发生的事物的锁匙。"[①]本书也将紧握这把解读和阐释中国问题的锁匙,立足上海展开研究。

四、上海人民广场与城市传播

上海人民广场作为上海"零点"之所在,是著名的地标建筑。它所在的地理位置,原来是1862年所建的第三跑马厅。在新中国成立初期,跑马厅被改造成人民公园和人民广场。1992年,人民广场区域又经历了第二次改造。改造后,人民广场区域由人民大道一分为二,人民大道北侧为上海市人民政府、上海大剧院、上海城市规划馆和人民公园,南侧是浦江之光广场和上海博物馆。另外,地下部分也是人民广场的重要组成部分——三条地铁线在这里交汇,还有风格各异的地下商场。黄跃金用"大飞跃"一词来评价人民广场的两次改造:一次是由西方人建造的跑马厅变为新中国的人民广场;另一次是由计划经济下单一功能的广场变为社会主义市场经济下走向世界的现代化综合功能的广场[②]。

本书选取上海人民广场作为研究对象,原因主要有两个。

一是在纵向层面而言,现在的人民广场在历史上经历了极大的空间变迁,在不同的时期,人民广场上的传播实践、可沟通性特征以及广场与城市的关系具有突出的丰富性。同时,人民广场区域较之陆家嘴等新兴城市空间更能展现城市的历史发展与文化内涵。更为重要的是,人民广场不同时期的空间改造与其所对应的传播实践具有很强的关联,这与本书所要探讨的议题不谋而合。

---

① [美]罗兹·墨菲:《上海——现代中国的钥匙》,上海社会科学院历史研究所编译,上海人民出版社1986年版,第5页。
② 黄跃金:《上海人民广场》,上海社会科学院出版社2000年版,第1页。

二是在横向层面而言,人民广场作为上海市市政府、上海大剧院、上海博物馆、上海城市规划展示馆、众多地铁线路、商业街等的聚集地,是一个具有政治、文化、交通、商业等多个层面意义的多元化空间。多元化之于本研究的价值主要有两个方面:一方面,多重要素在一个空间区域内的互动、沟通和融合的过程与本书的理论视野相契合;另一方面,多元化的人民广场意味着更为多元的媒介实践,尤其是伴随着新媒介技术的发展,多重要素与新媒介的结合必然会形成更为丰富的媒介实践活动,这也为本书提供了更多的可能性。

已有的围绕上海人民广场的研究涉及本书关注的多个面向,对本书研究的展开和推进具有重要的启示性意义。

其中,上海人民广场的两次空间改造是各学科研究的焦点。熊月之从思想史的角度对上海人民广场经历的第一次空间变迁,即它从跑马厅到人民公园、人民广场的改造动因进行分析,认为伴随着时代思潮的变迁,跑马厅的象征意义从起初的比较单一的休闲场所变成了帝国主义赌博敛财的地方。因此,改造跑马厅的呼声与反对帝国主义、收回租界、向往文明、向往民主的斗争声音一起高涨[①]。孙玮从传播学角度关注20世纪90年代人民广场的再造,她认为,在改造人民广场的空间的过程中,新的空间安排抹杀了公共交往行动的可能,从而将人民广场作为公共交往特别是市民政治行动的公共空间这一功能彻底地异化了[②]。钟靖从文化研究的视角切入,研究上海人民广场的空间变迁,关注在不同时期的权力作用下,人民广场空间文化的生产、消费、规训、呈现

---

① 熊月之:《从跑马厅到人民公园人民广场:历史变迁与象征意义》,《社会科学》2008年第3期,第104—113页。

② 孙玮:《"上海再造":传播视野中的中国城市研究》,《杭州师范大学学报》(社会科学版)2013年第2期,第80—86、95页。

与认同①。白玉琼从城市公共空间的功能角度展开分析,认为从跑马厅到新中国成立后的改造使人民广场和人民公园从功能上真正成为广大人民群众所有的公共空间;再次改造后,新的人民广场承载了过多的功能,繁杂的功能分割损坏了人民广场的公共空间属性②。张晓春以建筑形态、空间场景变迁作为分析对象,指出人民广场的空间变迁是上海在不同时期城市空间变迁及文化竞夺的表征③。

还有一些研究关注的是当下的上海人民广场与公共交往、新媒介实践等传播活动的关系。冯叙从建筑现象学的角度对人民广场的空间设计进行分析,认为它实际场所的设计并不鼓励人的行为的发生,也没有考虑到人的行为多样性,因此显得较为单一,难以形成丰富的广场记忆④。陈静茜分析新浪微博 LBS(location based service,基于地理位置数据展开的服务)对人民广场地区的建构,认为在 LBS 微博的个体书写中,人民广场对外地人来说是一种现代性的历史想象,对本地人来说则是对上海中西结合的生活方式、审美情趣的认同⑤。

区别于上述研究,本书的研究重点是处于全球化、城市化、新媒介技术迅速发展等众多时代潮流中的上海人民广场。本书将从传播学的角度切入,探讨当下围绕上海人民广场的传播实践是如

---

① 钟靖:《空间、权力与文化的嬗变:上海人民广场文化研究》,华东师范大学 2014 年文学与传媒专业博士学位论文,第Ⅰ—Ⅱ页。
② 白玉琼:《从"跑马厅"到"人民广场"——上海城市公共空间的艰难历程》,《上海艺术家》2005 年第 3 期,第 48—49 页。
③ 张晓春:《市政、娱乐与文化 上海人民广场地区城市空间变迁研究》,《时代建筑》2016 年第 6 期,第 144—151 页。
④ 冯叙:《建筑现象学研究——以上海人民广场为例》,《中外建筑》2006 年第 1 期,第 63—65 页。
⑤ 陈静茜:《夸示与操纵:基于 LBS 的城市文化符码与生活方式建构——以上海人民广场微博客使用为例》,《浙江传媒学院学报》2014 年第 6 期,第 31—36 页。

何展开的,并在这一过程中进一步分析人民广场对于上海建设可沟通城市的意义。

第二节 对核心概念"可沟通性"的界定

本书试图通过对当前上海人民广场中的传播现象作深入探讨,揭示在全球化、城市化、新媒介技术迅速发展等诸多背景下,城市空间在城市传播过程中的意义。基于这一想法,本书选择以可沟通性作为研究的核心概念,连接传播、城市与城市空间,从研究城市空间的可沟通性出发,进而将城市空间视为促进城市沟通的重要组成部分,探讨城市空间在可沟通城市的构建过程中的机制、作用及意义。

一、可沟通性:源于建设可沟通城市的愿景

可沟通性(communicativity)的概念源于可沟通城市的提出,可见这个概念本身就意味着将城市视作传播活动密集发生的场域。因此,本书分析城市空间的可沟通性时会着重关注城市空间与城市之间的互动关系。

1997年,昆茨曼(K. R. Kunzmann)在《欧洲未来的城市区域》(The Future of the City Region in Europe)一文中对可沟通城市进行了描述,是目前能够检索到的较早的对这一概念的论述。他认为,可沟通城市意味着新的信息和传播技术应该被更加技巧化地用于满足城市的信息需求,为居民能在社区中舒适生活提供公共信息,并使社区更具有活力。无论获取信息还是使用各种信息技术,都需要对城市的未来展开批判性的探讨,从而创造身份认同

和公民自豪感,扩大居民对城市发展的参与度①。昆茨曼提出可沟通城市时,关注到了传播技术在信息维度对城市生活的影响,但他对可沟通城市的论述更多地聚焦于城市规划②,并且他对传播的理解也仅限于信息传播层面,所以有一定的局限性。近年来,媒介与城市的互动在技术革命的影响下发生了巨大的变化,可沟通城市的内涵自然也随之发生了变化。

二、可沟通城市:城市传播的核心概念

2005年,以加里·加蓬特(Gary Gumpert)等为代表的美国传播学学者组建了城市传播基金会③(the Urban Communication Foundation,简称 UCF)。他们将可沟通城市作为城市传播研究的一个核心概念予以提出。2007年,UCF 分别在巴黎、华盛顿和罗马举办了三场会议,希望通过会议定义可沟通城市,并且建立起一套标准。会议集合了传播学者、建筑师、环保人士、律师、记者等来自各个行业的参会者④,每个参会者都被要求用5个特征来描述影响可沟通城市的核心因素。最后,UCF 将所有参会者的描述归纳为三个方面:(1)社会交往活动的地点和机会;(2)城市基础设施;(3)政治和民间性质的因素⑤。2008年,《国际传播公报》(*The International Communication Gazette*)以"可沟通城市"为议题,

---

① Nico Carpentier, "The Belly of the City: Alternative Communicative City Networks," *International Communication Gazette*, 2008, 70(3-4), pp. 237-255.
② Ibid.
③ 该基金会主要推进和支持城市传播方面的研究,资助专门的讨论会和研究项目,鼓励青年学者,奖励在城市传播方面作出突出贡献、提出重要观点的人或机构。
④ Susan J. Drucker, Gary Gumpert, "Freedom of Expression in Communicative Cities," *Free Speech Yearbook*, 2012, 44(1), pp. 65-84.
⑤ Gary Gumpert, Susan J. Drucker, "Communicative Cities," *International Communication Gazette*, 2008, 70(3-4), pp. 195-208.

发表了上述三次会议的成果。之后,随着可沟通城市这一概念在西方学界的发展,出现了大量相关的研究论文。2013年,彼得·兰治出版社出版了名为《二十一世纪的可沟通城市》(*Communicative Cities in the 21st Century*)的论文集,收录了与可沟通城市议题相关的11篇论文。同时,该论文集也是由加里·加蓬特担任主编的"城市传播读本"系列的第三辑。目前,UCF每年都会举办不同主题的学术会议[①],围绕可沟通城市的研究持续开展,越来越多的学者加入了可沟通城市的研究队伍。

除了学术研究,UCF也在实践层面的城市建设中推广可沟通城市的概念。基金会举办了"可沟通城市奖"(Communicative Cities Award)的评选,授予那些通过各种各样的政策为公民提供在公共政策和私人事务方面的便利,从而提升人们生活质量的城市。

UCF对可沟通城市概念在理论上的进一步阐释和实践层面的推广,提供了从传播学角度研究和回应城市问题的新思路。同时,城市传播研究在某种程度上也是对学术研究"回到芝加哥"呼吁的一种回应。当前的美国主流传播学派专注于效果研究、受众研究等"哥伦比亚学派"的研究传统,离"芝加哥"越来越远。主流传播学的兴起和发展使"芝加哥学派"对城市个体的关怀普遍被学界忽视。但是,城市传播提出的可沟通城市似乎与"芝加哥学派"的情怀更为贴近,对于当前在全球化、城市化以及新媒介技术迅速发展下不断涌现的城市问题也具有潜在的解释力。

---

① 至今,UCF每年举行与城市传播议题相关的学术研讨会,并且与一些高校展开合作。例如,2016年,UCF与韩国延世大学合作举行主题为"传播与城市:社区的角色"(Communication and the City: The Role of the Community)的国际会议;2015年,在拉斯维加斯举行"用于传播协作的作为网络的城市"(The City as Network for Collaborative Communication)。

自昆茨曼在1997年提出可沟通城市的概念已有20多年的时间,美国城市传播基金会的一批学者在他的基础上,围绕可沟通城市的理论面向、评估指标、个案等,在新的城市发展背景下展开了研究。目前,海外学者的研究主要集中在以下三个方面。

第一,对可沟通城市概念的系统阐释。加里·加蓬特和苏珊·J.德鲁克(Susan J. Drucker)在《可沟通城市》(Communicative Cities)一文中提出了可沟通城市的框架及其包含的元素,并设想了一系列影响可沟通城市的固定(fixed)和半固定(semi-fixed)因素。他们认为,可沟通城市的框架主要有交往空间(places of interaction)、基础设施(infrastructure)、政治/公民社会(politics/civil society)和不合格因素列表(summary of disqualifications);影响可沟通城市的固定因素包括城市所处的地形、气候、住宅结构、街道、交通、公园、开放空间和传播基础设施;动态因素包括灵活性和可变换性[①](flexibility and transformability)、不可预测性[②](unpredictability);政治因素包括分区[③](zoning)、管理与安全(regulation and security)和经济;传播因素包含信息、文化传播与娱乐。他们认为,可沟通城市的提出是在以传播技术迅速变化为主要特征的、持续在各方面发生变化的城市中,基于人们对高质量城市生活的追求而形成的[④]。西斯·哈姆

---

① 过多的控制会使城市失去活力,灵活性指的是适应不同环境变化的能力。空间可以不断变化,比如,人行道建有咖啡馆,街道成为博览会,公园成为音乐厅,墙壁成为壁画,角落成为发言者站立的地方等。城市设计本身就是理论性的,但是现实的实践和行动往往会改变理论和原有的定律。
② 不可预见性指的是在城市生活中,通过创意设计一些市民不可预见的东西,增加市民对城市的丰富体验。
③ 通过政策进行各种建筑设施的分区,在特定领域禁止一些企业的开设,如咖啡馆不能建在某些街道上,因为它们可能会妨碍交通。
④ Gary Gumpert, Susan J. Drucker, "Communicative Cities," *International Communication Gazette*, 2008,70(3-4), pp. 195-208.

林克(Cees J. Hamelink),这位被认为是在城市传播领域首先提出可沟通城市概念的学者①,则认为可沟通城市是减少城市冲突的一种管理方式。他将可沟通城市视为基本人权的一种体现,能从城市建筑、城市空间、城市精神、地理和时间等维度积极地促进人们寻找和获取信息,发表和交换意见,促进人们相互学习、相互倾听,在最大限度上保证人们在城市中的自主权、安全和自由②。基恩·伯德(Gene Burd)关注技术对城市的影响,着重探讨了实体空间与虚拟空间对于可沟通城市的意义。他认为,从汽车、报纸、电视、广播再到新媒体技术,各种技术不断改变着城市的地方感。一方面,技术削弱了地方感;另一方面,地方仍然是不可取代的。他将城市视为中介,认为可沟通城市应该既包括提供实体空间环境的面对面交往,也包括媒体技术带来的虚拟空间的交往③。

第二,可沟通城市的评估研究。里奥·W. 杰弗瑞(Leo W. Jeffres)在《一个城市传播的评估:可沟通城市测量维度》(An Urban Communication Audit: Measuring Aspects of a Communicative City)一文中指出,可沟通城市的测量维度应该包含四个方面的核心特质:城市传播体系④、不同人群的整合⑤、公共活动的参

---

① Matthew D. Matsaganis, Victoria J. Gallagher, "Introduction: The Making of Communicative Cities in the 21st Century," in Matthew D. Matsaganis, Victoria J. Gallagher, Susan J. Drucker, *Communicative Cities in the 21st Century*, New York: Peter Lang Publishing, 2003, pp. 1 – 9.

② Cees J. Hamelink, "Urban Conflict and Communication," *International Communication Gazette*, 2008,70(3 – 4), pp. 291 – 301.

③ Gene Burd, "The Mediated as Medium and Message," *International Communication Gazette*, 2008,70(3 – 4), pp. 209 – 222.

④ 包括大众媒介、新媒体、正式的公共空间(如俱乐部、开放式会议等讨论公共议题的空间)、非正式的公共空间(如公园、广场)和公共活动等。

⑤ 包括不同种族、社会经济背景的人的社会交往/工具性的公共交往,管理者与居民的可连接性,以及公共议题的商议和解决等。

与①、创新与传承②。玛丽·安·艾利森(Mary Ann Allison)设计了UCF"可沟通城市奖"的评估框架和方法,认为可沟通城市最为重要的四个要素是社会交往、通过中介或面对面的传播、公民参与和全球化连通场景③。

第三,可沟通城市的个案研究。玛利亚·乔格斯(Myria Georgious)关注全球化背景下大都市中的不同群体因共同生活而产生的多元文化沟通问题。她以三个城市为主要研究对象,从公民权、创造力和身份认同三个维度探讨了城市中多元文化的传播实践④。尼克·卡朋提尔(Nico Carpentier)从非主流媒体机构的研究切入,以三个个案为主要研究对象,认为非主流媒体机构的参与性、跨地区性在社会、政治、种族和空间四个方面的实践性是理解和实践可沟通城市的重要元素⑤。苏特迪(R. Sutriadi)等学者以印度尼西亚万隆大都会为主要个案,考察了在可沟通城市的建设过程中,传播技术与城市规划的互动关系⑥。

---

① 包括公共活动的丰富性,公民参与公共论坛、研讨等的机会,公共媒体设施覆盖率和公民在多大程度上参与经济体系等。
② 包括传播系统对批评、新的想法和外来输入的开放性,媒体与其他媒介对传统与历史的传承度和传播系统对潜在居民的到达度等。
③ Mary Ann Allison, "Measuring Urban Communication: Frameworks and Methods for Developing the Criteria for the Urban Communication Foundation Communication City Award," *International Communication Gazette*, 2008, 70(3-4), pp. 275-289.
④ Myria Georgiou, "Urban Encounters," *International Communication Gazette*, 2008, 70(3-4), pp. 223-235.
⑤ Nico Carpentier, "The Belly of the City: Alternative Communicative City Networks," *International Communication Gazette*, 2008, 70(3-4), pp. 237-255.
⑥ R. Sutriadi, A. Wulandari, "Towards a Communicative City: Enhancing Urban Planning Coordination by the Support of Information and Communication Technology. Case Study Bandung Metropolitan Area, Indonesia," *Procedia-Social and Behavioral Sciences*, 2014(135), pp. 76-81.

综合国外学者对可沟通城市的研究，可沟通性主要囊括以下四层意思：第一，公共交往、异质沟通、全面互动是可沟通性的核心要旨；第二，全球化和传播技术的发展是可沟通性提出和再阐释的背景；第三，城市空间是可沟通城市得以实现的基本场域；第四，可沟通性的内容十分丰富，包含政治、经济、文化、历史、交通等多个城市生活的面向。

三、中国语境下的可沟通城市研究

随着中国城市的发展，全球化、城市化以及新媒介技术突飞猛进带来的变化也在中国的城市中产生。在上海、北京、广州等地，国外城市在发展过程中遇到的很多问题同样在这些城市的发展中显现。例如，新的媒介技术虽然带来了人与人、人与城市间更多的连接的可能，但伴随城市规模的不断扩大，"陌生人效应"也愈演愈烈，人与人的"连接"并没有带来真正意义上的"沟通"；又如，大量异质性人口涌入城市后，城市文化与乡村文化、地方文化与全球文化如何并存和互动；再如，在城市发展的过程中，如何处理城市历史与现代化发展的关系，城市的历史又如何通过现代化城市实现传播；等等。以上这些问题实际上都是城市传播关注的问题，与西方语境下学者提出的可沟通性密切相关。与此同时，中国特有的语境又使学者和机构在回应中国城市问题时无法将国外的研究照搬过来。因此，在中国语境下，对可沟通城市、可沟通性展开研究，对回应当下中国城市发展中遇到的问题，具有重要的意义。目前，以复旦大学信息与传播研究中心为代表的一批中国学者围绕可沟通城市展开研究，相关内容主要包括以下三个方面。

第一，在中国语境下对可沟通城市进行理论阐释。孙玮提出了关于可沟通城市的四大议题：其一，城市如何既尊重多样性，又打破区隔；其二，城市如何达成时空感的平衡；其三，城市如何实现实体空间与虚拟空间的融合;其四,城市如何处理城市与社区、乡村、国家以及城市之间的互动①。吴予敏立足中国新型城市化进程,指出可沟通城市本质上是一个公共性议题,"不是单指城市的媒介化水平,而是指在数字化信息网络建构新型城市的基础上,如何推动社会变革,弥合'社会鸿沟',真正形成可沟通的城市社会,使这样的城市成为基于文化认同的社会共同体"②。

第二,在中国语境下对可沟通城市进行评估研究。谢静等学者从地理网络、信息网络和意义网络三个维度展开,每个维度均细分为基础设施、行为活动、感知评价三个层次,构建了可沟通城市评价体系。在对可沟通性的评估过程中,他们还结合定性资料和定量资料对可沟通城市的状况进行描述和测评③。这一系列研究提供了在中国语境下展开可沟通城市评估的方法论。

第三,可沟通城市个案研究。周海晏以"微游上海"为个案,从城市意象的角度对上海城市空间的可沟通性进行了考察。她认为,在"微游上海"的过程中,"微游者"并不是完全被动、消极的城市意象接受者,他们在彰显游客主体性的"微游"活动中自发形成了属于他们的上海城市意象,从而使空间生产呈现出复杂性。基于此,以往单向度的宣传方式很容易影响城市空间的可沟通性④。潘霁以上海市原卢湾区的本地居住者为主要访谈对象,以地方认同为核心要素,认为在上海"再度全球化"的过程中,城市空间变成

---

① 孙玮:《城市传播:重建传播与人的关系》,《新闻与传播研究》2015年第7期,第5—13页。
② 吴予敏:《从"媒介化都市生存"到"可沟通的城市"——关于城市传播研究及其公共性问题的思考》,《新闻与传播研究》2014年第3期,第6—19页。
③ 谢静、潘霁、孙玮:《可沟通城市评价体系》,《新闻与传播研究》2015年第7期,第25—34页。
④ 周海晏:《空间可沟通性:"微游上海"的城市意象及其生产》,《新闻与传播研究》2015年第8期,第21—29页。

了供游客消费的"幻景"、代表国家现代化成就的"奇迹"及糅合生活体验、集体记忆和情感认同的"我们的空间",三类空间叠加构成上海城市空间意义上的可沟通性[①]。俞婉泺以中国交通广播为研究对象,关注交通广播对建构可沟通城市的意义和作用[②]。田甜以社区新媒体为切入点,研究可沟通型社区的营造和社区的"沟通"问题[③]。

根据以上对可沟通城市研究的梳理,本书认为,相较于海外学者的研究,中国学者对可沟通城市的研究呈现以下两方面的特点。

一方面,相关研究更紧密地与国情相勾连。从上述研究中可以发现,研究者们提及的"城乡互动融合"、城市中的"社会鸿沟"等问题,均属于中国特色的、中国城市发展过程中较为独特的问题。将这些问题同时纳入可沟通城市的理论维度和研究范畴,不仅拓展了可沟通城市的内涵,也更加符合中国国情的需要。

另一方面,相关研究囊括更为丰富的城市传播现象。在关于可沟通城市的研究中,外国学者的研究仍然集中于人们面对面的互动和经由传媒中介的交往,这反映出一种传统的传播观[④]。从上述研究中可以发现,中国学者在探讨可沟通城市议题时,谈及的时空融合、城市意象、文化认同等均展现出一种外延更为丰富的传播观。

[①] 潘霁:《城市意义网络的可沟通性——从空间与文化视角考察上海地方认同》,《新闻与传播研究》2015年第8期,第40—50页。
[②] 俞婉泺:《中国交通广播与"可沟通城市"的想象建构——以浙江电台交通之声FM93为例》,浙江大学2013年新闻学专业硕士学位论文,第Ⅳ页。
[③] 田甜:《社区新媒体与"可沟通型社区"的营造》,南昌大学2015年新闻与传播专业硕士学位论文,第Ⅱ页。
[④] 谢静:《可沟通城市:网络社会的新城市主张》,《新闻与传播研究》2015年第7期,第16—24页。

四、可沟通性:勾连传播、城市空间与城市

如上所述,可沟通性直接点明了城市空间在传播层面的意义,打破了人们以往对城市空间仅作为社会生活容器的认知,为学者们从传播学层面研究城市空间打下了理论基础。具体而言,本书讨论的可沟通性内涵主要包括以下三个方面。

第一,可沟通性的核心是连接、流动与互动。连接包含信息的可及性、空间的可及性、人的可及性、历史的可及性、文化的可及性等;流动则意味着除了连接,还需要有信息、情感、文化等参与城市生活的运转,为城市注入活力,从而打破城市沟通中"有连接而无沟通"的困境;互动意味着更为鲜活的城市传播和主客体之间的互相影响、互相作用,在这个过程中会生成崭新的意义。

第二,可沟通性试图对传统的传播观进行补充。可沟通性不仅着眼于以大众媒介为代表的传统传播学研究,同时也关注外延更为丰富的传播,如跨越时间的传承、城市意象的生产、城市文化的表征等。因此,可沟通性是从传播的多个层面对城市空间及其与城市的互动进行考察的。

第三,可沟通性具有丰富的维度。可沟通性几乎可以涵盖城市的各个维度,城市中各要素间的连接、流动和互动都是可沟通性关注的议题。举例而言,与可沟通性相关的议题包括但不仅限于以下三个方面。

第一,沟通历史。在城市发展过程中,人们不可避免地要展开空间改造。为避免使城市成为"无源之水",在改造空间的同时融合、勾连不同的时空元素,能够有效地保留城市历史,传承城市文化,打通城市的历史与现在,这便是可沟通性在历史维度的呈现。

第二,沟通虚实。伴随着媒介的发展,媒介技术在城市可沟通

性的构建中发挥着越来越重要的作用。媒介技术构建了一个虚拟空间,与物理上的城市空间不断产生互动,并在这个过程中塑造了城市可沟通性。例如,大众媒介建构的城市空间源于媒介精英对实体空间的空间实践,同时也反作用于人们对实体空间的认知。在这个过程中,虚实之间产生互通和互动。新媒介技术则直接嵌入实体城市空间,形成了一个虚实互嵌的空间,人们穿梭于其中,虚实之间的界限由此被打破。据此,可沟通性探讨虚实如何互嵌,媒介技术如何形构并重塑空间,以及信息、文化、意义等如何在虚拟和实体之间连接、流动和互动。

第三,沟通文化。随着城市化、全球化和新媒介技术的发展,社区、城市、乡村甚至全球各区域间的界限被打破。多元文化涌入城市,与城市本土文化发生碰撞和互动,甚至改造了原有的城市文化。这个过程伴随着各种文化的传播,以及文化在传播过程中的交织融合。可沟通性关注这些不同的文化是如何在城市中互动的,这一过程实际上涉及城市与乡村、东方与西方、传统与现代、地方与全球等多组二元关系之间的沟通。

五、研究问题的提出

如前所述,本书引入可沟通性的概念,在传播视角下研究城市空间,进而探究城市空间在历史变迁、空间改造、媒介技术变化、全球化等各种复杂因素的影响下,城市人与城市在可沟通性维度上的互动和互塑。

从个案出发,本书的研究主要包括三个方面:第一,描绘一幅反映上海人民广场传播状况的"清明上河图";第二,对空间变迁、空间设置、大众媒介、新媒介技术等诸多因素对人民广场可沟通性的影响展开剖析;第三,探讨人民广场这一城市空间在上海构建可沟通城市过程中的意义和作用机制。具体的研究问题可以细化为以下三点。

第一,传播实践在人民广场中的发生和运作方式。具体包括:传播实践在跑马厅和新中国成立后的人民广场、人民公园,以及20世纪90年代空间改造后的人民广场分别表现出的主导性特征;在当下的人民广场,社会互动、意义建构等传播实践的发生和运作方式。

第二,人民广场可沟通性呈现的特征。包括空间变迁、空间设置、大众媒介、新媒介技术等诸多因素对人民广场的可沟通性产生的具体影响。

第三,人民广场在上海构建可沟通城市过程中所具有的意义,以及当下人民广场对上海可沟通性的塑造机制。

第三节 研究方法与全书脉络

一、质化研究取向:基于城市情景展开的个案研究

本书选择质化取向作为研究路径,这主要是由本书选取的研究议题的性质决定的。

英国学者乔纳森·格里斯认为,质化研究倾向于围绕案例研究和社会背景,强调追踪事件在特定背景下的过程和结果[1]。相对于依靠以变量和假设为核心的量化研究,质化研究的目的是从历史意义和文化意义上诠释事件[2]。中国学者陈向明将质化研究定义为:"以研究者本人作为研究工具,在自然情境下采用多种资

---

[1] [英]乔纳森·格里斯:《研究方法的第一本书》,孙冰洁、王亮译,东北财经大学出版社2011年版,第113页。
[2] 同上书,第116页。

料收集方法对社会现象进行整体性探究,使用归纳法分析资料和形成理论,通过与研究对象互动对其行为和意义建构获得解释性理解的一种活动。"① 所以,质化研究具有立足情景、走入情景和深入情景,从而对研究资料的意义展开解释的特征。

本书选择上海人民广场作为研究对象,是因为处于全球化、城市化、新媒介技术飞速发展浪潮中的人民广场及其所在的城市上海,共同构筑了一个复杂而丰富的研究情景。本书立足这一情景,从意象表征、社会交往、意义流转、互动创新等多个方面诠释人民广场的传播意义,探讨广场、传播与城市之间的互动,以及互动产生的丰富意义。本书的研究力求紧扣上海人民广场这一个案,深入挖掘上海人民广场的可沟通性状况及其在塑造可沟通城市中发挥的作用。相较于量化研究,质化研究更关注具有个案化、微观化特征的社会问题,以期达到管中窥豹的研究目的。

二、研究方法

(一)媒介文本分析

本书选取《申报》《解放日报》《人民日报》《新民晚报》等报纸文本,《上海,灵感之城》《上海》和《上海协奏曲》等影像文本和大众点评网、B 站等新媒体文本作为经验材料,对不同技术形式的媒介文本展开分析,进而呈现媒介对人民广场的建构以及不同技术形式下媒介与人民广场产生的互动。

(二)实地观察与实地访谈

"质的研究必须在自然情境下进行,对个人的'生活世界'以及社会组织的日常运作进行研究。"② 基于此,2015 年 5—11 月,笔者

---

① 陈向明:《质的研究方法与社会科学研究》,教育科学出版社 2000 年版,第 12 页。
② 同上书,第 7 页。

以每月 5—10 次的频率,每次 3—4 小时的时间长度,对人民广场进行实地观察,并对人民广场的空间布局、建筑外貌、建筑功能和人民广场上的社会生活进行了详细的观察和记录。在实地观察的过程中,笔者选择对在广场上活动的人展开实地访谈,累计共有 24 位受访者接受了访谈。在下文的论述中,笔者将实地访谈组的受访者编号为 A 组。

(三)一对一深度访谈

为了更加深入地了解个体与人民广场之间的互动,挖掘更深层次的经验材料,笔者在研究中采取了一对一深度访谈的形式,在整个研究过程中,共有 9 位受访者接受了访谈。由于访谈对象在性格、语速、表达和对问题的认知等维度的差异,一对一访谈的时间介于 60—90 分钟。在下文中,笔者将一对一访谈组的受访者编号为 B 组。

(四)焦点小组访谈

为了使受访者能够聚焦人民广场的相关议题,通过互相讨论进一步激发对于人民广场的思考,对人民广场进行集体性建构,笔者在研究中还采用了焦点小组访谈的形式,这种形式能够提供在影像观看方面的研究便利。受访者在观看人民广场的影像资料与声音资料的基础上,展开集体讨论,为研究提供了经验材料。访谈共分为 4 组展开,每组 5 人,共访谈 20 人,每组访谈时间为 90 分钟左右。在下文中,笔者将焦点小组访谈的受访者编号为 C 组。

在访谈对象的选择上,孙沛东对人民广场相亲角的个案研究对本书颇有启发。她认为,"个案研究与传统的问卷抽样调查遵循不同的逻辑。其目的是归纳出理论(分析归纳),而不是计算频率(统计归纳)",所以,"样本的选取是一个动态的过程,直到理论饱和为止"。为此,她"以行动为取向,将相亲角内的主要行动者类型化为四类：父母（亲戚）组；子女组；中老年自找组和婚介组"①。据此，在访谈抽样的过程中，本书以空间为取向，认为空间对于人的社会交往有直接的影响，所以，笔者在选择访谈对象时以人民大道为分界线，类型化为三类空间：人民公园及其周边（人民大道以北）、浦江之光广场附近（人民大道以南）和地下空间。随后再对这三类空间展开细分，将人民公园及其周边分为上海大剧院、人民大厦、上海城市规划展示馆、相亲角、茶馆、酒吧、咖啡馆和其他露天空间；将浦江之光广场及其周边分为浦江之光广场、上海博物馆和其他露天空间；将地下空间分为地下商业街、地铁音乐角和地铁站的其他空间。除了将空间作为主要分类标准，本书还考虑将情景作为辅助分类标准，以人们社会交往的内容为切入点，分别选取在人民广场区域进行聊天、玩手机、独自一人、发传单、下棋、拉琴等不同活动的受访者。通过上述以空间为主、情景为辅的分类方式，笔者期望能够在访谈中尽可能地接触人民广场各个区域的社会交往活动，使得研究资料能够尽可能趋近饱和②。当在访谈中搜集的资料趋近于饱和时，笔者便停止访谈。

最后，共有 53 位受访者参与了访谈，其中男性 29 人，女性 24 人，年龄跨度为 19—73 岁，其中有 1 位俄罗斯人，其他 52 位均为中国国籍。在这 52 位中国籍受访者中，上海籍 25 位，非上海籍 27 位。受访者的具体情况详见附录一，访谈提纲详见附录二。

---

① 孙沛东：《谁来娶我的女儿？：上海相亲角与"白发相亲"》，中国社会科学出版社 2012 年版，第 42—43 页。
② 按照孙沛东的方法，她对"饱和"定义如下：(1)关于某一范畴，再也没有新的或有关的资料出现；(2)资料内的范畴已经发展得十分丰厚，各部位（条件、脉络、行动/互动、结果）都联结紧密，也有过程和变异性；(3)范畴间的关系都建立妥当而且验证属实。本书参照这一定义。

三、全书结构

本书由导论、第一部分、第二部分和结论四个部分组成。

导论部分对本书的理论视角、研究对象的选取、核心概念以及研究方法进行了说明。

第一部分主要聚焦空间改造与城市空间可沟通性的关系,关注在跑马厅时期、新中国成立后第一次改造及20世纪90年代第二次改造后,人民广场的空间设置和传播实践的关系,并对不同时期人民广场可沟通性呈现出的特征进行剖析。这一部分还探讨了空间改造与空间历史传承之间的关系。

第二部分从传播的三个层面对人民广场展开分析。这一部分分为三章,分别从实体空间的社会互动、广场意象的塑造和媒介技术与实体空间的互嵌展开,探讨传播的三个层面在人民广场的呈现状况,进而归纳媒介技术对人民广场可沟通性的形塑。

在前文的基础上,结论部分提出从媒介融合的视角切入,将城市空间看作一个融合媒介,并对城市空间在可沟通城市构建过程中的作用机制和意义进行剖析。

第一部分

空间改造与可沟通性的变迁

空间是组织并准许某些可行性交往活动所必需的一种物质力量,但空间的意义不仅仅在于物质层面。在齐美尔看来,空间属于文化范畴,能够引导或阻碍特定互动和关联形态①。从这个意义上去理解空间改造,空间改造就不仅是对物质层面的空间本身的排列和布局,还涉及对社会互动的引导方向的改造,这当中就蕴含权力关系、意识形态的味道。

哈维对巴黎的研究展示了城市空间改造引发的一连串对城市生活和社会关系的重构。例如,新的马路、百货公司、餐馆、公园以及一些标志性的纪念建筑,一旦被生产,就会塑造新的阶层区分和新的社会关联。巴黎城市空间改造的背后还关联着城市政治经济关系、情感结构等诸多概念的重塑②。除此之外,哈维还将空间改造与现代性概念相联系。也就是说,除了关注空间层面的变化,哈维还将空间改造放置在特定的历史情景中进行分析。

本书的第一部分关注的是空间改造与空间可沟通性的问题。借鉴哈维的思路,相关的阐释主要着眼于两个维度:一是空间自身的变化对空间内的社会关系、社会关联以及空间本身的传播特征的影响;二是将对空间改造的阐释与特殊历史情景结合起来,从而进一步理解空间改造与空间可沟通性的关联。

---

① [加拿大]罗伯·希尔兹:《空间问题:文化拓扑学和社会空间化》,谢文娟、张顺生译,江苏凤凰教育出版社2017年版,第102—103页。
② 汪民安:《现代性的巴黎与巴黎的现代性》,载于[美]大卫·哈维:《巴黎城记:现代性之都的诞生》,黄煜文译,广西师范大学出版社2010年版,第Ⅶ—Ⅻ页。

第一章　从跑马厅到人民广场：
　　　　空间嬗变与传播实践

　　当前上海人民广场所在的这一空间起初是农田,在上海开埠后发生了翻天覆地的变化。在短短的一百多年中,这一空间先是西方列强建造的跑马厅;新中国成立后,经历了第一次改造;1992年又经历了第二次空间变迁。在这个过程中,每一次空间嬗变都对应着空间中的传播实践和空间可沟通性的巨变。

第一节　作为媒介的跑马厅：再造西方交往场景

　　1843年,上海开埠。从此,上海被迫进入一个向西方开放的时代。列强试图将租界建成其母国模式的全新城市,西方城市的运行模式和生活习惯也随之移入。

　　跑马起源于古罗马,是西方富有代表性的重要休闲娱乐活动。上海开埠后,列强进行租界空间建设时兴建跑马厅。在随后的几十年里,跑马厅不仅见证了上海发展为一个贯通中西的城市的过程,其本身也成为传播西方文化的媒介。

　　1850年,英国麟瑞洋行大班霍格等五人在上海成立上海跑马总会(the Recreation Club of Shanghai),并在英租界的界路(今河南中路)以西,花园弄(今南京东路)以北,购买了80余亩农田,兴建了上海第一个跑马厅；1852—1854年，霍格将第一跑马厅所在的土地分块以高价卖出后，又利用特权以低价买进浙江路与泥城浜（今西藏南路）之间，六马路（今北海路）一带170余亩土地，开了第二个跑马厅；1862年，霍格等人又将第二跑马厅的土地以高价出售，在泥城浜以西的地段开设了第三个跑马厅。第三跑马厅"向西由静安寺路（今南京西路）折马霍路（今黄陂南路）再向东经跑马厅路（今武胜路）至现在的上海工人文化宫，折向北沿西藏路回到原地，共计460亩地"①。图1-1呈现的便是这三个跑马厅的位置关系。其中，第二跑马厅与第三跑马厅只有一路之隔，其占地面积比第一跑马厅大得多。

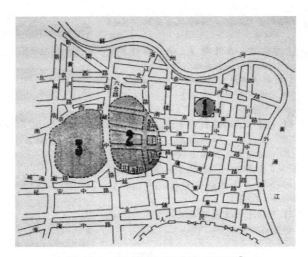

图1-1　三个跑马厅的历史变迁②

---

① 上海市黄浦区志编纂委员会：《黄浦区志》，上海社会科学院出版社1996年版，第1459—1460页。
② 田波澜：《张宁：上海跑马厅是怎么变成人民广场的》，2016年2月27日，澎湃网，https://www.thepaper.cn/newsDetail_forward_1431927，最后浏览日期：2021年11月21日。

第三跑马厅和后来建成的跑马总会俱乐部大楼的所在地,就是今天人民广场所在位置的前身。在第三跑马厅建成之前,这片土地本是农田,并且有一个拥有70余幢房屋的小村庄和五六十个坟墓①。从第三跑马厅建成后到今天,这块土地上发生了包括社会交往、商品流通、文化互动、意义传承等在内的形式多样的传播实践。这块土地与上海的城市特质、城市精神的关系也越来越紧密。

一、跑马空间与社会交往:西人的故土想象

在跑马总会大楼观看跑马厅中正在举行的跑马活动,是租界西人最热衷的休闲娱乐活动之一。实际上,跑马厅和跑马总会大楼不仅是跑马的空间,它们还承载着十分丰富的交往意义。

(一)跑马厅:单向度的文化输入

据记载,第三跑马厅建成之初,设施十分简单,跑马场的四周用木栅围成内外两圈,外圈周长2 244米,两圈之间距离数十尺的空间为赛马跑道②,内圈是一片广大的空地③。在跑马厅的外侧设有看台,1909年,华人被允许观看跑马后,设有华人看台。

事实上,跑马厅并不是仅用于赛马,尤其是跑马厅刚建成时,赛马只限于春、秋两季,每期连赛3天④。因此,一年中的大部分时间,跑马厅并不用于赛马,而是承载大量的其他活动,具体可以分为三类。

---

① 上海市黄浦区志编纂委员会:《黄浦区志》,上海社会科学院出版社1996年版,第1460页。
② 黄跃金:《上海人民广场》,上海社会科学院出版社2000年版,第7页。
③ 王敏、魏兵兵、江文君、邵建:《近代上海城市公共空间(1843—1949)》,上海辞书出版社2011年版,第243页。
④ 黄跃金:《上海人民广场》,上海社会科学院出版社2000年版,第7页。

第一类是体育竞技活动。在跑马厅内圈建有多种运动设施,包括板球场、九孔的高尔夫球场、草地滚球场、棒球场、游泳池等^①(图1-2)。根据《申报》对跑马厅的报道,除了在春秋二季举行赛马比赛,跑马厅还举办过棒球赛、网球比赛、运动会等体育赛事。

图1-2 跑马厅内的运动场地[②]

第二类是西方特色文化活动。根据《申报》的描述,跑马厅还用于举办工部局音乐队演奏、犬展览会、露天影戏、中西花会、放西洋烟火等一些具有西方特色的文化活动。这些文化活动的举行是城市中的盛会,吸引了大量市民前往观看。

第三类是西方列强的政治活动。跑马厅作为一个具有政治色彩的地方,是西方列强在上海举行各种检阅礼和庆典的首选之所。

[①] 熊月之、张敏:《上海通史》(第六卷 晚清文化),上海人民出版社1999年版,第552页。

[②] 田波澜:《张宁:上海跑马厅是怎么变成人民广场的》,2016年2月27日,澎湃网,https://www.thepaper.cn/newsDetail_forward_1431927,最后浏览日期:2021年11月21日。

第一章 从跑马厅到人民广场：空间嬗变与传播实践

根据《申报》的描述，1937年，跑马厅举行了"英国官侨庆祝英皇加冕海陆军队"的庆祝大会和阅兵仪式，现场布置得十分隆重。

> 跑马厅四周墙上，缀以红白两色电炬，大看台上装有电灯牌楼一座，最高处，则同为彩灯所扎之皇冕。场中则用各式照射灯照射，随每次表演者服色而转换，一切秩序，咸以红绿两色电灯及城堡上旗帜指挥，故秩序至为严肃……
> 该国海陆军庆祝仪式，于昨晚九时一刻起，于跑马厅第一次正式举行。先于七时开始凭票入座，跑马厅正中，搭城堡一座，占地甚广，为各种部队集合之所……①

通过翻阅《申报》可以发现，西方列强在跑马厅举办此类政治性活动并不罕见。除了上文提及的"英国官侨庆祝英皇加冕海陆军队"的阅兵和庆典礼，《申报》还记载了跑马厅举办过"商团巡捕校阅礼""美国驻上海海军联队校阅"等仪式，可见跑马厅是一个经常用于举办检阅仪式的空间。如图1-2所示，跑马厅的空旷空间为这些政治类的仪式提供了空间设置上的便利。

综合上述分析，跑马厅包含丰富的空间实践，内容涵盖体育竞技、日常休闲和政治活动等方面，这些空间实践活动都承载着浓厚的西方意识形态和文化色彩。从这个意义上来看，跑马厅可以被视作西方文化输入的一种重要载体。当时，由于跑马厅是由西人主导的空间，在很长一段时间内都不允许华人进入。而后，哪怕是出于经济目的向华人开放，也依然采用空间分隔的方式，设置专门的华人看台，华人与西人之间的不平等在跑马厅随处可见。因此，跑马厅里的空间实践活动，实际上是一种单向度的、基于西方列强

---

① 《今日庆祝英皇加冕》，《申报》1937年5月12日，第9版。

特权的传播。

(二) 跑马总会俱乐部大楼：西人的社会交往之所

1934年，跑马总会俱乐部大楼落成，这在当时的上海获得了很大的关注度。作为上海当时最有影响力的报纸，《申报》刊登了题为《跑马总会新厦之落成》的文章，对新建成的跑马总会俱乐部大楼的空间布局进行了详细的描述。

> 此巨厦计有地层，中楼，及三层楼，屋顶之上，即为钟楼，及小塔两座，钟楼之下，建有大门，会员可由此大门出入，下面一层，为大理石，作日本青之色，墙壁之上，条纹亦饰成此色，石阶完全用洁白之大理石，人行其上，非常舒适，具有华丽色彩，内有升降机三架，用以代步。
>
> 由大门入内为会员室，前为草地，后为空地，南部为半圆形之走道，马匹即由此出入，此外更有一室，备作宾客之入座者，大厅之中，地板均用石砌，作灰白色，非常悦目也，此室之上面，即为中楼，内有美国式之走道四，英国式者二，餐室，酒排间，式样颇合时尚，足供饥议者之进食也，厨房设置于马舍之上，第一层景色颇佳，足供诗人雅士之消遣，前面为会员及来宾所坐之处，并有走廊，地板用棕色橡皮嵌成，内部有一咖啡室，地板之面积为一百迟，乘四十二迟，地板作棕黑色，咖啡室之后部，为颢廊，用红瓦砌成，马主可在此察看其马，另有小屋若干，其中包括书报室一间，梳妆室一间，及宾客餐室一间。
>
> 二层及三层在新厦之干，更有特殊之优点，足使上海之看客，在暑天之时，参观各种夏令运动，而不觉丝毫热气，盖内部有包厢二十八间，每一包厢，可俯视跑道，且各有私室一间，建于后面，宾客所需一切凡琐碎之事，均有供应，电话四通八达，互通消息，第三层有儿童室一间，而第三层之后面，则有平台

一间,屋顶之上,有小塔二,以及其他运动设备,此外更有浴室一,备作会员之沐浴,有一小桥相通,连此新厦,内有热气间,水蒸气间,传达室,及其他房屋,莫不应有尽有也。内部情形。即如上述。①

从上文对跑马总会俱乐部大楼的空间描摹可以看出,这不仅是一个为观看跑马而设置的地方,同时还是一个具有很强的社交属性的空间。社交也是其命名为俱乐部的意义所在。

例如,大楼里用于观看跑马的空间既有大厅,也有较为私密的包厢,满足了不同规模、不同目的的社交活动需求。又如,大楼内设有咖啡厅,这实则是西方传统的社会交往空间,具有特殊的传播意义。从17世纪末到18世纪末,随着城市取代宫廷成为新的交往核心,咖啡馆开始在英国繁荣起来,一个新的介于贵族社会与市民阶级知识分子的有教养的中间阶层出现在咖啡馆,讨论从文学领域到政治领域的各项事务。咖啡馆造就了早期的公共讨论机制,是西方公共生活的典型代表②,设置在跑马总会大楼里的咖啡馆明显继承了西方的交往传统。

此外,大楼内设有书报室,并且安装了电话,这意味着媒介在大楼的嵌入。其中,作为当时最普及的大众媒介——报纸,带来了最新的新闻信息,电话则是现代交流的重要工具。正如《申报》上写的,"电话四通八达,互通消息"。上述这些媒介设施的嵌入,赋予了俱乐部大楼与外界交互沟通的可能性,增强了俱乐部大楼本身的传播性。

---

① 影呆:《跑马总会新厦之落成》,《申报》1934年3月6日,第27页。
② [德]尤尔根·哈贝马斯:《公共领域的结构转型》,曹卫东、王晓珏、刘北城等译,学林出版社1999年版,第36—42页。

因此,相较于跑马厅侧重于西方列强文化输入的传播意义,跑马总会俱乐部大楼则是一个西人展开社会交往、维系群体联系的微观空间。

(三) 想象的故土:复制西方场景

无论是跑马厅还是跑马总会俱乐部大厦,都是在租界中复制西方建筑和西方生活方式。事实上,当时来华的英国人多半出生于中产阶级下层甚至劳工阶层,这些人在英国国内很难享受上层阶级才有的赛马和俱乐部生活。来到中国之后,他们的地位有所上升,因此便将本国上层阶级的生活复制到了中国[①]。这一方面是对自身身份的标榜,他们在租界可以获得在本国无法体验的生活方式和精神享受;另一方面,通过这种方式可以构建一种与故土的联系。

从西方人的角度来看,他们在时空上与故乡熟悉的日常生活隔离了。这种隔离不仅是一种地理隔离,同时也是一种文化隔离。詹姆斯·罗尔认为,怀旧情绪对于人们在新的土地上寻求心灵安逸是极为普遍的。其中的一种重要方式就是打造一个"很像原始的城市领地"的生活工作空间,从而帮助他们与故土构建一种象征性联系[②]。跑马厅与跑马总会俱乐部大楼正是通过对西方场景和日常生活的复制,为西方人构建了与故土的象征性联系,从而弥补了他们对故乡的情感缺失,达成了跨越空间的"沟通"。

二、西方生活方式的媒介:跑马厅对上海的影响

跑马厅和跑马总会大楼的活动主体虽然以西方人为主,但它

[①] 张宁:《异国事物的转译:近代上海的跑马、跑狗和回力球赛》,社会科学文献出版社2020年版,第19页。

[②] [美]詹姆斯·罗尔:《媒介、传播、文化:一个全球性的途径》,董洪川译,商务印书馆2012年版,第293—294页。

们新奇、新鲜的特征也吸引了众多华人的关注,潜移默化地对华人群体和上海这座城市产生了影响。

其中的一个重要影响是,跑马厅将位于上海中心的这片荒地逐渐变成了真正意义上的城市中心。在跑马厅迅速发展并吸引了极高的人气之后,其周边地区也迅速发展。跑马厅东、北两面是大型商圈,南面虽然不是大型商圈,但也是商铺、医院林立,里弄住宅鳞次栉比。在这样的情况下,跑马厅及其周边在上海整个城市中的地位和价值都迅速提升,成为真正的市中心[1]。

跑马作为一种来自西方的新事物,虽然在很长一段时间内不允许中国人参与,但依旧引发了当时上海市民的好奇。尤其是位于上海市中心的跑马厅、跑马总会俱乐部大楼和钟楼这样的建筑,作为西方文化的象征,向当时的上海人展现了一种西化的生活场景。与此同时,以《申报》为代表的大众媒介对跑马等活动的报道,也建构了上海市民与跑马厅之间的"沟通"。

虽然跑马厅起初是列强对西方日常生活空间在上海的再造,但随着时间的推移,通过跑马厅和跑马总会大楼等建筑和与之相关的空间实践,西方文化逐渐开始融入上海,并影响了上海的城市特质。

(一) 跑马进入上海市民的日常生活

跑马厅在上海落地之后,作为新奇的洋玩意,很快受到华人的关注。1914年,《申报》刊载的一篇标题为《社会短篇跑马》的文章描述了跑马比赛(一年两次)举行时,跑马厅及其周边的热闹场景。

---

[1] 《由"花园"至"赌窟"的跑马厅》,2021年2月7日,上海市地方志办公室,http://www.shtong.gov.cn/dfz_web/DFZ/Info?idnode=269870&tableName=userobject1a&id=474028,最后浏览时间:2021年11月21日。

……泥城桥外静安寺路前,万头攒簇,车马殷阗环豪观者何止万千。跑马场中竹篱以内地等雷池华人莫敢逾越一步,白种天骄行乐之所。嗟彼黄种,惟木屐儿犹得同享幸福。……土木工人蝇头觅利,支板撑柱,沿豪割据,筑成高台,招人登览。设有座位,取值极廉,马路洋房列座卖票,每人一元或取五毫,佐有茶点且食且眺。环球学生会地势邻近,凭栏而观全场在目,会员眷属群趋赴焉。旅泰番菜生意大佳,沿路房间必须预定,三日之中携金无算。马车之行,更为发达。马鞭缀以鲜花屈曲之作。龙状车价顿增,几与汽车同其价值。……马路两边游人站班聂立,许久不知脚酸。外国捕头马上巡游驱逐丛人,昂昂赳赳。红头墨炭骑马,前站流氓赌摊轰然逃散。茶馆洋台每人一碗,看看马车,最为省办。洋阙封关,洋行休业,不必礼拜之六亦得花酒微逐。金屋名姝,青楼佳丽,竞斗新妆,出奇制胜,穷奢极华,随声附兴。凡兹种种,笔难尽述,为乐及时,赏心悦目。故春秋二次之跑马诚为十里洋场中一年之胜事也。①

跑马厅起初只向外国人开放,排斥华人,直到 1909 年,跑马总会在跑马场增加了一个看台,才允许华人购票进入观看赛马②。随着跑马向华人开放,观看赛马很快成为盛行一时的新潮流。《申报》1920 年 3 月 7 日刊载的一篇题为《跑马厅举行跑马比赛》的文章描述了跑马盛况,此时的跑马赛事已经向华人开放。

---

① 蹬庐:《社会短篇跑马》,《申报》1914 年 5 月 7 日,第 14 版。
② 王敏、魏兵兵、江文君、邵建:《近代上海城市公共空间(1843—1949)》,上海辞书出版社 2011 年版,第 247 页。

第一章 从跑马厅到人民广场：空间嬗变与传播实践

> 跑马厅之跑马场、修筑甚为精美、常有西人比赛跑马于其中、昨日该场举行跑马比赛、与赛之西人甚多、中外人士参观者、说复如堵、并有军乐悠扬、怡人神致、迭次比赛时、驰星逐电、其夺得锦标者、按辔归来、观者辄欢声电动、争欲一瞻颜色云。①

1931年《申报》刊登的文章《华商汽车工人要求跑马日发双薪，公司尚未答复》也从侧面反映了跑马日的盛况。

> ……向公司中要求在跑马之日，给发双倍薪水，因是日往观跑马，乘车者较平日为多，收入亦可较丰。②

由此可以看出，在跑马厅逐渐向华人开放之后，跑马也作为一项城中盛事进入上海人的生活。人们对跑马浓厚的兴趣在上述文章中得到了充分的体现。跑马日的盛况不仅体现在跑马厅，跑马厅周围的洋房、茶馆等也都做起提供场地观看赛马的生意。跑马厅周边人流的密集程度甚至使得汽车公司的工人也要求发放双薪，由此可见在当时的风靡程度。

事实上，从上海开埠一直到20世纪30年代，上海的城市文化受到众多西方事物的形塑，跑马在上海的流行只是众多西方事物进入上海的一个缩影。

（二）作为媒介的跑马厅和跑马总会

伴随着跑马的风靡，跑马厅和跑马总会大楼这两个空间逐渐

---

① 《跑马厅举行跑马比赛》，《申报》1920年3月7日，第11版。
② 《华商汽车工人要求跑马日发双薪，公司尚未答复》，《申报》1931年5月4日，第16版。

成为上海市民重要的活动场所。一些源于西方的事物,如棒球、网球等在跑马场中频繁出现,这些活动不仅有西方人的参与,也有华人参赛,共同竞技。在这个过程中,跑马厅和跑马总会大楼这两个空间就成为西方事物进入上海的媒介,来自西方的事物在这里试炼和实践,影响逐渐扩展到整个城市。

开埠之后,上海便一直是西方与中国的沟通之地。从上海开埠到20世纪30年代的近百年中,西方事物的传入一直遵循着这样的规律:新事物在上海初现,然后以一种"上海摩登"的方式风靡全国。从西方到上海,再到整个中国大地,这样的传播模式不断重复。从一定意义上说,上海可以被称为沟通中西方的媒介,而跑马厅和跑马总会大楼则是沟通上海与西方的媒介之一。一方面,空间本身就是西方文化的重要表征,其建筑形态和在这里举行的各项活动均来源于西方人的日常生活;另一方面,上述空间也是西方事物传入上海,在上海得到展现并得以进一步实践的媒介。上海将这些西方文化"吸收、消化并转化为中国式的现代特色"①,对上海的城市发展产生了显而易见的重要影响。

(三)走向"赌窟"的跑马厅

跑马厅和跑马总会大楼对上海这座城市有所形塑,但在这里,西方列强以各种方式谋取巨额利益,在这个过程中也对当时的上海社会产生了许多负面影响。

其一,列强利用特权,不顾民众利益,反复倒卖跑马厅所在的土地,获取巨额利益。根据《申报》记载,1862年,第二跑马厅的售价为白银49 425两,而买进第三跑马厅仅花费白银12 500两,获得了430亩土地。在跑马厅圈地以后,原来在圈内生活的地主、农

---

① [法]白吉尔:《上海史:走向现代之路》,王菊、赵念国译,上海社会科学院出版社2014年版,第2页。

民都被赶走,并且只能领取少量的赔偿金。原业主们不服,聘请了一名英国律师向领事馆提起诉讼,结果只判决英董再赔偿每位业主十两白银。与此同时,由于这种通过倒卖土地获得暴利的做法引发了民众的愤慨,当时的上海道台与英领事商定,之后永远不得出租和出售跑马场所①。至此,西方列强通过倒卖土地牟利的行为才被终止。

其二,西方列强为了在华谋取更多的经济利益,于1909年决定向华人开放跑马厅。与之相伴的是,跑马逐渐开始由最初流行于西方人群中的休闲娱乐活动转变为轰动全城的赌博活动,跑马厅逐渐演变为"大赌场""销金窟"②。其中,最能凸显跑马赌博性质的就是一年举办两次的香槟③赛。跑马厅举行香槟赛时还会发售香槟票,对应设立头彩、二彩、三彩等许多大小不等的彩金,并把头彩的奖金定得极高,只要中了头彩,获奖者就立即变成"富翁"。但实际上,绝大多数人都是将辛苦赚来的钱投进了跑马赌博这个无底洞④。《申报》的一篇报道详细描述了人们争相购买香槟票的场景,可以窥见当时跑马赌博之风在上海的盛行。

> 沪土所盛极一时之跑马总会大香宾票。朔自民国八年售完五万张而起。是后每次发售。罄可立待。人众之侥幸心理。可想而知。闻今年之大香宾票。又已售罄。而时隔春季赛马。尚有月余也。人香宾之盛如斯。⑤

---

① 《圈地再卖地·洋人发洋财》,《申报》1946年9月15日,第4版。
② 程泽庆:《跑马幌子下的种种罪恶》,载于吴汉民:《20世纪上海文史资料文库10》,上海书店出版社1999年版,第358—365页。
③ 取自英语 champion,当时的一些报道也将其译作"香宾"。
④ 程泽庆:《跑马幌子下的种种罪恶》,载于吴汉民:《20世纪上海文史资料文库10》,上海书店出版社1999年版,第358—365页。
⑤ 《上海之大小香宾潮》,《申报》1928年3月19日,第16版。

其三，跑马赌博还带来了很多其他社会问题。例如，在售卖、合购香槟票的过程中，时有纠纷发生，甚至还有伪造香槟票、利用香槟票诈骗等罪案的发生，刊载于《申报》的《公廨覆讯购买跑马票纠葛案》《沿路兜售假香槟票抄出四十八张》《私印赛马香槟票判罪》《伪造小香宾票案捕房侦查起诉》等多篇报道均证实了这一点。同时，跑马赌博之风使得各种罪案都呈现高发，对当时上海的社会秩序、社会安全等都产生了极为恶劣的影响。1930年11月13日，《申报》刊载的题为《工部局昨晚议决取缔跑狗场办法暂不宣布》一文描述了当时上海跑马等赌博泛滥并引发大量罪案的情形。

> 上海商业化之赌博、比较多数相等之都市范围为广、跑狗场赛马场及回力球、虽不受严格之保护、然皆准其设立输赢甚巨、华人皆称此类赌博、与械劫绑票盗窃案、直接有关、此类赌博、可信其与上海罪案、却有影响云云……赌博与罪案、实有直接之关系、凡有天规模赌场之地、其罪案亦必甚多、并谓上海一埠、赌博范围之广、远胜他处、故非廓清此种最劣之害、如违法、鸦片贸易赌博及一般淫侠之场所、则上海之罪案、仍将继长增高……①

总体而言，纵观跑马厅的历史，从最初倒卖土地、剥削华人利益，到后来出于经济利益向华人开放，引发赌博之风，都是西方列强占据主导地位的传播方式。虽然西方文化通过这种方式传入上海，但这种霸权式的传播显然难言是"可沟通"的，并且还产生了极大的负面影响。

---

① 《工部局昨晚议决取缔跑狗场办法暂不宣布》，《申报》1930年11月13日，第14版。

第二节 1951年的大改造：从"集体空间想象"到"集体主义空间"

抗战胜利后，上海各界开始响起收回跑马厅的声音，当时的国民党政府也计划收回跑马厅。但是，由于种种原因，在国民党执政期间，跑马厅始终未能收回。

1949年5月27日，上海解放，8月27日，市军管会收回跑马厅产权。随后，跑马厅的改造事宜开始酝酿。1951年9月7日，跑马厅改造工程举行开工典礼，时任上海市副市长的潘汉年发表讲话：

> ……预备将这块土地修建成美丽的文化休憩公园和人民的广场……变成上海人民自己的广场，为上海人民所用……将这一广场修建成为广大上海人民活动与娱乐的场所……①

在这样的指导思想之下，新建成的人民公园和人民广场具有强烈的"人民"属性。从此，这片土地开始了一段新的历史。围绕这一空间的变迁，本节主要探讨两方面内容。一是围绕1946年前后关于"收回跑马厅"和"跑马厅空间改造"的大讨论，勾勒出民间对于跑马厅空间变迁的想象。虽然跑马厅在国民党统治期间并未成功收回，但上海市民与媒介一起自发地建构了一场围绕"如何收回跑马厅和改建跑马厅"的大讨论，呈现出人民广场区域对上海的重大意义。同时，借助空间想象，上海市民也展现出强烈的爱国热情和民族认同。二是围绕1951年的跑马厅大改造，关注新建成的

---

① 黄跃金：《上海人民广场》，上海社会科学院出版社2000年版，第12—13页。

人民公园、人民广场的空间变化,从新空间承载的传播实践出发,描绘其中的"沟通"图景,并与跑马厅时代进行空间和传播实践上的对比,探讨空间改造与传播实践的关系。

一、民族的集体空间想象:一场关于"如何改造跑马厅"的大讨论

1946年,在收回租界、抗日战争取得胜利的情况下,《申报》连续刊登了关于"跑马厅改造"的文章,民间知识分子、报纸社论等多方力量围绕跑马厅展开了激烈的讨论。《申报》作为当时上海最知名的报纸之一,与当时的上海市民一起,持续关注和推动了这场大讨论。仅在1946年,《申报》刊登的关于跑马厅改造的文章就有17篇(表1-1)。

表1-1 1946年《申报》刊登的有关跑马厅改造的文章

序号	日期	标题
1	1946年3月27日	跑马厅改建公园当局正在接洽中
2	1946年4月24日	跑马厅改公园
3	1946年5月27日	跑马厅拆墙垣美人表示反对
4	1946年5月30日	跑马厅拆围墙赔偿费成问题
5	1946年8月28日	跑马厅赛马能否恢复 须提交市参议会讨论
6	1946年8月30日	不必跑马
7	1946年9月11日	四人雀战不算赌博 跑狗跑马一律取缔
8	1946年9月13日	跑马跑不跑
9	1946年9月14日	跑马厅的未来
10	1946年9月14日	收回跑马厅改建文化城

续 表

序号	日期	标题
11	1946 年 9 月 14 日	关于跑马厅
12	1946 年 9 月 15 日	跑马不跑马　一人说一套
13	1946 年 9 月 17 日	跑马问题
14	1946 年 9 月 21 日	禁止跑马可以不必移往郊区值得赞同
15	1946 年 9 月 25 日	赛马仍是一悬案
16	1946 年 9 月 25 日	跑马卖彩票是否算赌博
17	1946 年 12 月 4 日	何应钦海外来书赞同本报社论意见跑马厅应辟作公园

通过分析上述报道可以发现，在这场讨论中，大多数意见都认为跑马是一种赌博行为，滋生了很多违法犯罪行为，并对此进行了强烈的批判。所以，各方对于停止举行赛马、收回跑马厅以及对跑马厅进行改造的观点是一致的。正如《申报》题为《不必跑马》一文指出的：

> 假使把上海比作一个人体的话，除了黑色的苏州河像一条溃烂的盲肠外，那么，跑马应将是上海的肺脏。
>
> 人身的健康与否，有赖于肺部的健全，关系极大，我们要不使上海的肺脏腐烂，所以切盼市政当局，对于跑马应重行赛马的申请，郑重考虑……①

然而，收回跑马厅涉及很多技术问题，这是当时的上海市政府无力解决的。但是，上海各界对收回跑马厅、改造跑马厅的心态之

---

① 《不必跑马》，《申报》1946 年 8 月 30 日，第 12 版。

迫切,使得人们顾不上现实层面的技术路线,就已经开始畅想应当如何对跑马厅进行空间改造。与之相关的想象通过《申报》得到了充分的展现。具体而言,对改造后的跑马厅地块的用途,相关意见归纳起来主要有三点。

(一)"公园说"

"公园说"主张将跑马厅改建成供上海市民休闲娱乐的公园,从而起到改善上海市容市貌、"净化空气"的效果。这一方案在1946年3月讨论"跑马厅如何改造"之初就被反复提及,并多次得到当时国民政府的回应,形成了广泛的影响。

方巩在1946年3月20日写给《申报》的一篇名为《跑马厅应作公园》的文章中就直接向国民政府建议:收回跑马厅,并将其改建为公园。他在文章中写道:

> 如将该地收购公开,改为公园,则本市中心,亦可有一比较宽舒之地,以供市民公共游览运动,则市容藉此发端,可逐次整顿……①

1946年3月27日,《申报》以《跑马厅改建公园当局正在接洽中》为题,谈及将跑马厅改建为公园的建议,表明市政当局也有将跑马厅收回并改建为公园之意。全文如下:

> 本市市政当局,曾建议将跑马厅改建公园,以调剂中区稠密之空气,俾有益于市民健康,闻当局现正与跑马厅总会接洽中,想该会或能赞同此意。至本市跑马地区,则亦将筹划于江

---

① 方巩:《跑马厅应作公园》,《申报》1946年3月20日,第5版。

湾及引翔港择地,兴建两处。①

1946年4月24日,《申报》再次报道了"公园说"的后续,表明市长也持支持态度:

> 此议案业已呈请市府批准经市府会议通过,市长亦表示同意……②

1946年12月4日,《申报》刊登了时任中国驻联合国安理会军事参谋团中国代表团团长何应钦对于"跑马厅改建"的意见,表明他也支持将跑马厅改建为公园之举:

> 何氏并致函吴市长,略谓彼近曾赴美国东部各地参观,所到城镇,莫不有广大之公园,布置皆极美,市民游憩其中,身心均极有益。上海为远东大埠,今后发展,更属未可限量,在此市中心区,宜有一大规模之公园,而不宜再行增建房屋云。③

从《申报》对于"公园说"的关注和相关报道可以看出,对于将跑马厅改造成公园的提议,赞成面是比较广泛的。

(二)"会场说"

"会场说"主张将跑马厅改造成一个用来开大会的地方,以填补当时上海缺乏大规模聚会场所的空白。这一建议是由时任上海市市长吴国桢在一次审查会中提出的,《申报》对之进行了报道:

---

① 《跑马厅改建公园当局正在接洽中》,《申报》1946年3月27日,第3版。
② 《跑马厅改公园市长表示同意》,《申报》1946年4月24日,第4版。
③ 《何应钦海外来书赞同本报社论意见跑马厅辟作公园》,《申报》1946年12月4日,第5版。

> 我想把跑马厅场地五百亩都买下来作为集合场所,参议会会场,上海这末一个大都市,每次开什么大会,都要借美琪戏院或大光明戏院等等,这怎么说得过去。接着他又说计划把地买来后在一边造一个大会场,第一层为大礼堂,第二层为参议会会场,其他小间作为审查会办公室……①

从上文可以看出,"会场说"的提出主要是出于城市实际发展的需求。

(三)"文化城说"

"文化城说"主张将跑马厅地区改造成一处展现上海城市文化的空间,突出城市的文化要素。这一方案主要是由当时记者工会的两名参议员冯有真和赵君豪提出的:

> 记者公会产生之参议员冯有真赵君豪,昨向大会提出收回跑马厅全部房地产,改建上海文化城案……改建有意义之文化中心,称为上海市文化城,……该城分为三大部分:(一)设参议会,(二)文化中心,所有本市文化学术团体如图书馆,博物馆,革命史料陈列馆,以及新闻记者公会,市教育会,文化美术团体,歌剧院等,均蔚集于此,(三)辟广场为罗斯福运动场,以纪念美故总统罗斯福之丰功伟绩,使市民多得一锻炼体魄之所,闻该案已有参议员数十人连署赞同云……②

上述建设"上海文化城"的提议涵盖大量的文化机构。一方面,各种文化机构入驻的设想可以使空间在文化上具有多元性;另

---

① 《跑马跑不跑》,《申报》1946年9月13日,第4版。
② 《收回跑马厅 改建文化城》,《申报》1946年9月14日,第5版。

一方面，虽然是文化主导的空间，但参议会、以"罗斯福"命名的运动场等也具有很强的政治意涵。一篇署名为华林的文章《跑马厅改建问题》也强调要将文化元素融入改造后的跑马厅，将这一新空间建设为上海的文化中心：

> 日前本报曾主张将上海跑马厅改建公园，我觉得非常合理，并且建议在这座伟大的公园里，附建世界博物院，院内陈列中国自然占主要部分，还可以请联合国文化科学教育会，征求各国文物，这样，自不难造成最丰富而冠美的东方唯一的大博物院，俾欧美人士初到中国者，就能窥见东方文化的珍贵，且可与各国文化比较，这是何等伟大的事业呀！
>
> 博物院旁，如空地宽广，财力充裕，还可建筑一座图书馆，一座剧院和一座美术馆，以及运动场，音乐台等等，这样往日的跑马厅便成了上海的文化中心区。空场上还可以举行农工等业博览会，可以举行市民大会，也可以举行体育竞赛，露天音乐演奏……①

总体而言，这场关于跑马厅空间改造的大讨论，无论是"公园说""会场说"，还是"文化城说"，实质上都是空间想象的表达。其中，公园、礼堂、博物馆等建筑均是来源于西方城市的建筑形态。这说明在20世纪50年代以前，围绕重建跑马厅空间的大多数想象依然是以西方城市的建筑形态为参照的。同时，也表明开埠100多年的上海已经是一个与西方文化相互交融的城市。这就是跑马厅时期西方文化在上海传播的结果，这种以建筑作为媒介的传播方式在无形中影响了上海市民对这座城市的认知。

---

① 华林：《跑马厅改建问题》，《申报》1947年4月6日，第9版。

与此同时,这场大讨论也是一次立足于民族国家共同体的表达,是长期经历"表达被限制"的上海各界民众的一次"传播的爆发"。关于跑马厅空间改造的讨论,从 1946 年年初开始,断断续续地持续到 1949 年前后,上海各界民众都参与了这场讨论,其影响范围十分广泛。

然而,在实际上,要改建跑马厅,应该先收回跑马厅,当时对于如何收回跑马厅的技术路线尚未确定,但关于如何改建跑马厅的讨论已经相当热烈。可见这场围绕跑马厅改造的讨论实际上是当时的上海民众对于跑马厅这块位于上海市中心的城市空间的集体想象。他们通过这种虚拟的想象,希望重建原来由西方列强占领的区域,重新获得属于中国人的话语权。所以,这场热烈讨论的背后其实是民众对于自由的渴望和对于一个独立民族国家的热切期盼。

18 世纪后半期,报纸为当时身处北美洲的海外移民建构了一个"共同归属的、想象的共同体"[①]。那么,在 1946 年的上海,在《申报》上发生的这场围绕"如何改造跑马厅"的大讨论,为当时的上海市民构建了一场基于民族国家共同体的空间想象。这场大讨论不仅表达了民众对于在跑马厅所在的上海市中心这一空间展开传播实践的多重想象,也释放了上海民众对于民族国家主权的期许。

二、集体主义空间:"沟通群众"的人民广场

从 1946 年起,关于收回跑马厅与改建跑马厅的讨论就开始出现,并愈演愈烈,但跑马厅迟迟未能收回,关于它的种种空间想象也未能落地。

---

① [美]本尼迪克特·安德森:《想象的共同体——民族主义的起源与散布》,吴叡人译,上海人民出版社 2005 年版,第 59 页。

中华人民共和国成立后,上海市人民政府成功地收回了跑马厅,随后对它进行了空间改造。"人民"是这次跑马厅改造的核心,改造后由人民广场、人民大道和人民公园三个以"人民"命名的空间构成。其中,人民大道位于人民广场与人民公园之间,将整个区域分割为人民广场和人民公园,人民大道长579米,宽22.86米[①]。人民广场由原跑马厅南部辟建而成,东起西藏中路,西至黄陂北路,南沿武胜路,北连人民公园,占地约9.3万平方米,近似半圆形,北部正中是上海市人大常委会的办公楼,也就是今天的人民大厦。这栋大楼的主楼共有6层,两翼辅楼各有3层,坐北朝南。主楼前是检阅台,辅楼两侧设有6个观礼台,可以容纳800人。检阅台前就是人民大道,整个人民广场可以容纳近10万人集会,周围有6个出口[②]。人民公园则位于南京西路与西藏中路交汇处的西南隅,具体布局为:东区主要是人工山丘和亭子,还一度建有动物园;公园中部地域空旷,占全园面积将近一半,可以用于开展集体活动;南端主要是立体花坛、茶室、露天剧场、游泳池、溜冰场等;西区主要是人工山丘、水池和人工瀑布等;还有一条小河贯穿整个人民公园[③]。改造后的人民广场发生了翻天覆地的空间变化,伴随着这种空间变化,发生在这片土地上的沟通活动也变化了。

(一)政治集会:一代人的空间记忆

空间宽阔是改造后的人民广场、人民大道和人民公园共有的特点。在访谈中,当受访者回忆起当时的人民广场时,"大""宽阔""空旷"[④]是他们经常使用的形容词。从建筑学的角度来看,政治广场对应的广场面积必须十分庞大,因为需要容纳军队、人群以及

---

① 黄跃金:《上海人民广场》,上海社会科学院出版社2000年版,第16页。
② 同上书,第18—19页。
③ 同上书,第13—14页。
④ 来源于实地访谈。

军事设施和武器①。事实上,虽然潘汉年在讲话中将人民广场定义为一个市民广场而非政治广场,但根据内部规划和多项决议,广场首先是用于游行示威这样的政治活动的②。

20世纪50年代,人民广场建成之后,逐渐成为上海市最主要的政治集会场所,几乎所有重要的集会活动都在此进行。这些集会往往由官方主办,规模大,参与人数多,气氛相当热烈。据报刊记载,这些集会既包括如"五一"劳动节集会、国庆庆祝游行等常规性集会,也包括一些由突发事件引发的集会活动,如1953年的悼念斯大林大会、1960年的反美大示威、1971年的西哈努克亲王到达上海的迎接仪式、1976年的毛主席逝世悼念大会等。

《亦报》在1952年10月1—2日以《全市人民庆祝三届国庆人民广场今天盛大集会,会后游行示威、入晚狂欢通宵》《检阅建设祖国、保卫和平的伟大力量!人民的大喜日在人民广场上》《人民广场·火树银花全市人民彻夜狂欢》三篇文章详细地记载了1952年国庆时,在新建成的人民广场上第一次举行庆祝示威游行和狂欢活动的场景。

> 今天上午十时,华东暨上海市各界人民的代表将在上海市人民广场举行隆重的庆祝国庆节的盛大集会,会后并举行庆祝示威大游行。人民广场现已披上节日的盛装,呈现出异常庄严、雄伟的气象,等待着游行队伍通过。③

---

① [美]艾瑞克·J.詹金斯:《广场尺度:100个城市广场》,李哲、武赟、赵庆译,天津大学出版社2009年版,第104页。
② 白玉琼:《公共空间的历史变迁——以上海"人民广场"的演变为例》,《公共艺术》2014年第6期,第5—13页。
③ 《全市人民庆祝三届国庆人民广场今天盛大集会,会后游行示威、入晚狂欢通宵》,《亦报》1952年10月1日,第1版。

……雄峙在广场中央的主席台上,中华人民共和国庄严的国徽闪烁放出光芒,围绕着献花的毛主席巨像,慈祥地俯视着沉浸在欢乐气氛中的人们。

节日的示威游行开始了,乐队奏着雄壮的解放军进行曲,一队鲜艳的红旗,像一片红色的森林,像从地平线的那边向前移动,紧接着是革命领袖的巨幅画像,他们领导着我们和全世界人民,永远从胜利走向胜利。

八一军旗,迎风招展,雄伟的解放军陆、海、空军部队,踏着整齐的步伐,沙沙作声,正步行经主席台前时,全场热烈鼓掌表示欢迎。就是这群中国人民的英雄儿女,保卫着我们的幸福生活,捍卫着世界和平……①

全市人民昨天以人民广场为中心的、分区的、分处的联欢会……

人民广场里挤满了人。三万多的男女青年工人、学生、解放军战士、机关工作人员、文艺工作者,在轻快的乐曲下,尽情地歌唱、跳舞。八时正,在天空,无数的礼花弹和烟火,开出了无数五色缤纷、鲜艳夺目的花朵,散布在夜空。……

会场上,忽而舞蹈节目,有的是:狂欢舞、三人舞……忽而歌唱,歌曲有歌唱祖国、全世界人民心一条……大家在一起,跳呀,唱呀,轻快的交响乐曲、国乐和口琴,还有杂技表演,调整一下之后,接着又紧接上狂舞和歌唱,尽兴欢乐,通宵达旦。②

---

① 金鹏:《检阅建设祖国、保卫和平的伟大力量!人民的大喜日在人民广场上》,《亦报》1952年10月2日,第1版。
② 《人民广场·火树银花全市人民彻夜狂欢》,《亦报》1952年10月2日,第1版。

上述对1952年国庆集会的描述,生动地展示出人们在人民广场上举行政治游行和集会活动的场景。这一场景清晰地呈现了人民广场的政治集会属性,展示了那个年代特有的广场生活。

参加人民广场上举行的政治游行和集会是那一代上海人印象最为深刻的政治生活,同时也强化了他们对于人民广场的空间记忆。今天,由于年代久远,许多人已然无法说清集会的具体内容,但与集会相关的对于人民广场的空间记忆,成了他们谈起当时的人民广场时提及最多的内容。通过一次次的政治活动,人民广场成为老上海人心目中一个独特的空间。在这里,他们体会到了人民当家作主的强烈的政治参与感。与此同时,新成立的中华人民共和国也需要通过这些政治集会来号召民众,凝聚人心,团结人民①。在笔者展开实地访谈的过程中,谈起改造后的人民广场,几乎每一个年长的受访者都会提到在这里参加过的政治集会。被访者A-01(男,70岁,上海人)说:

> 以前经常在这里开会,上海市发生什么大的事情,都要到人民广场。"五一"、国庆节都会来这里的。过去主要是开会,人民广场比较大,大型的会议,还有比如"五一""十一"游行都是在这里举行的。

被访者A-05(男,72岁,上海人)认为,20世纪50年代新建成的人民广场,其主要意义就是用于集会。

> 人民广场主要是集会,最多的时候要达到30万人。我记

---

① 白玉琼:《公共空间的历史变迁——以上海"人民广场"的演变为例》,《公共艺术》2014年第6期,第5—13页。

得人最多的就是毛主席逝世的时候,这是最高峰。"文化大革命"的时候这里也经常集会,另外就是"大跃进"的时候,主要在这里大炼钢。

集会已经成为那一代人对当时人民广场独有的空间记忆。1966年,"文化大革命"开始,在这场给中国"带来严重灾难的内乱"①中,人民广场也毫不例外地留下了那个时代的印记,这从上面的访谈中也可以得到印证。

与人民广场同期修建的人民公园,虽然其主要功能是休闲娱乐,但也成为一些相对而言较为小型的政治活动的举办地。其中,位于人民公园中部的大草坪因占地面积大而成为活动的举办地。"每逢休假日,大批青年工人、中小学生在大草坪上举行'团日''队日'等活动。"②这些以青少年为主要对象,以少先队、共青团等组织名义举行,以思想政治教育为主要目的的活动,带有浓厚的政治色彩。由此可见,人民公园的政治属性虽不如人民广场那么直接,但同样是这一区域日常政治实践的重要组成部分。

通过上述分析可以看出,在这一时期的人民广场、人民大道和人民公园,政治类活动是占据主导地位的传播实践。这不仅与当时的政治氛围和社会导向相关,也与当时的空间安排密切相关。改造后的人民广场、人民大道和人民公园中的多处大面积的宽阔空地,使得人群可以自由地聚集,为举行集会、游行等政治活动提供了良好的空间条件。当然,这样的空间设置背后集中凸显的是政治在当时整个社会中的主导地位,以及政治在空间生产中的巨大影响力。

---

① 参见中共十一届六中全会《关于建国以来党的若干历史问题的决议》。
② 黄跃金:《上海人民广场》,上海社会科学院出版社2000年版,第14页。

（二）集体日常休闲活动：市民聚集的空间

人民广场充斥着浓郁的政治色彩，但政治集会并不是每天都举行，人民广场和人民公园也是市民重要的日常休闲之地。尤其是人民公园，自从1952年建成以来，就成为上海市民休闲娱乐的重要空间，如学校组织的春游和秋游、与父母和朋友在人民公园划船、情侣谈恋爱等，这些都是一代代上海人重要的生命记忆。

除了承载个体的日常休闲娱乐活动，人民广场和人民公园还出现了很多群体性日常休闲活动，如人民公园的游园会、花卉展等。1956年刊登在《人民日报》上的一篇名为《爱早操的人们》的文章，描述了每天清晨人民广场上人们聚集在一起锻炼的情景：

> ……人民广场，也是上海人民锻炼身体的地方。每当早晨扩音器响起的时候，满场不成队形的人们，很熟练地随着音乐做起广播操来。歌曲完了，有的还自告奋勇地数着拍子重做几遍……①

除了报纸的记载，在访谈中，很多受访者也谈到自己曾在人民广场和人民公园参加各种日常休闲活动。受访者A-11（男，71岁，上海人）谈及在人民公园中唱歌的场景：

> 以前人们在人民公园主要是健身、唱唱革命歌曲，把歌词写得很大，挂在树上，大家一起唱抗日战争歌曲。

受访者A-09（男，68岁，上海人）回忆起以前在人民广场踢足球的情景，脸上露出一种深深的陶醉：

---

① 蒋光裕：《爱早操的人们》，《人民日报》1956年12月20日，第4版。

> 原来年轻的时候我们很多人还在广场里面踢球,自己用衣服做个球门,然后广场上早上还有人做早操、锻炼身体。

除了体育活动,还有一些文化活动在人民广场开展,受访者 A-01(男,70 岁,上海人)提到自己在人民广场观看烟火和文艺晚会的经历:

> 过去上海放烟火都是在人民广场的,我们小时候都会去人民广场看烟火,到人民广场玩,大型的表演也有,有时候在这里搭一个舞台。

上述这种聚集性较强的活动实际上也与人民广场和人民公园空间较为宽敞,适合举行群体聚集活动相关,这种聚集的传统一直延续到改革开放之后,一个典型的例子就是英语角。1984 年 12 月 3 日,《解放日报》头版刊载了一张照片,并配有文字:每逢星期天,人民公园西北角七号门内的左侧场地上,总是自发聚集着一大群英语爱好者[①]。

20 世纪 80 年代,随着改革开放的推进,一些乐于接触西方新鲜事物的年轻人学习英语的愿望非常迫切,但又苦于缺乏英语交流的渠道,英语角(图 1-3)的出现为人们学习英语、展开英语交流提供了便利。据记载,英语角最初是自然形成的,后来人数越来越多,规模越来越大,大家互相学习、互相帮助,受到很多英语爱好者

---

① 胡雨松:《人民公园英语角:打开世界一扇窗》,2020 年 10 月 26 日,上观新闻,https://export.shobserver.com/baijiahao/html/304221.html,最后浏览日期:2020 年 11 月 21 日。

的青睐①。

图1-3 1984年的人民公园英语角②

随着英语角的火热,人民广场区域还渐渐衍生出太极角、股票角、相亲角等,便于不同群体进行社会交往活动。其中的相亲角至今每周末还在人民公园举行,成了人民公园一道亮丽的风景线。

由此可见,以群体为特征的多样化的社会交往活动是那一时期人民广场空间实践的重要内容,人民广场和人民公园宽阔的空间结构设置使其具有一种"沟通集体"的属性。在广场上,人们通过各种各样的集体活动实现社会交往,广场成了汇聚市民、连接市民社会交往、承载市民多元化空间实践的城市空间。

---

① 上海音像资料馆:《上海故事:一座城市的温暖记忆》,上海大学出版社2018年版,第139—141页。
② 参见孙冲:《被遗忘的人民公园英语角……他们还在》,2020年10月17日,上观新闻,https://sghexport.shobserver.com/html/toutiao/2020/10/17/280101.html,最后浏览日期:2021年11月21日。

三、从"西方的媒介"到"群众的媒介"

如上所述,20 世纪 50 年代,人民广场成为群众政治集会和日常集体活动的重要空间,在那个年代,几乎所有的上海市民都参与过在人民广场和人民公园举行的集体活动,改造后的人民广场变成了一个"集体主义的空间"。

实际上,在做人民广场的建筑规划设计时,聚集人群就是其空间设计上最核心的功能。这种空间设计思路使得人民广场和人民公园的集体交往属性大于个体交往属性。在这座广场建成后的四十年里,广场上无论是政治集会还是日常的城市社会生活,总是以一种人数众多、集体群聚的方式呈现,具有很强的公共性。

总体而言,改造后的人民广场的变化主要体现在三个方面。

首先是空间形态层面,相比于以往的跑马厅与跑马总会大楼,通过改造,人民广场和人民公园在空间层面发生了巨大的显而易见的变化。

其次是意识形态层面,跑马厅的空间形态在新中国成立后被彻底改造,新的人民广场的建立意味着人民当家作主。在空间意识形态范畴上,这是一次十分彻底的改造。

最后是在可沟通性层面,改造后的人民广场与跑马厅时期的可沟通性有截然不同的性质。在跑马厅时期,空间的沟通局限在西方人中,中国人很少能进入跑马厅,即使进入了,也是不平等的,比如西方人在跑马厅设有专门的华人区域,以示西人与华人之间的区隔。跑马厅对上海这座城市的影响,虽然从客观上促进了中西方文化的交流,但结合时代背景来看,本质上是西方列强单向的输入,跑马厅和跑马总会大楼是单向的"西方媒介"。人民广场改造后,较之跑马厅时期中国人对空间的"不可及"和"难及",人民获得了主权,它成为完完全全属于人民的"群众的媒介"。跑马总会大楼在改造中被保留了下来,1952年7月被改建成上海图书馆,同样是一个公共的、可及的空间。

由此可见,人民广场在改造后呈现出一种不同于以往的崭新的沟通状况,主要表现在两个维度。首先,公众通过参与由官方主导的政治集会得以聚集。广场提供了一个公众与官方同时在场的场所,尽管当时的政治集会主要由官方主导,但公众的充分参与在一定意义上体现了人民当家作主的精神要义。其次,在日常生活中,人民广场的空间设置使市民有了一个可以进入并聚集的城市空间,连通了人与人的交往,加强了市民对于城市社会生活的参与度。

在新中国成立后的几十年中,全国的城市建设呈现出一种同质化的现象,因此,在这一时期,上海本身的城市特质暂时在人民广场被弱化了。

第三节 异质性的全球城市广场:人民广场的再改造

20世纪90年代,上海进入一个崭新的发展时期,学者忻平将其称为"上海的第二次现代化运动"[①]。与这次现代化运动同时发生的,是人民广场的再次改造。

1992年9月14日,人民广场综合改造工程正式动工,这一区域的第二次空间改造开始了,改造后的人民广场即为今天的人民广场。通过这次改造,人民广场形成了以人民大厦为核心,南侧为上海博物馆,西侧是上海大剧院,东侧为上海城市规划展示馆,北

[①] 忻平:《从上海发现历史——现代化进程中的上海人及其社会生活1927—1937》(修订版),上海大学出版社2009年版,第1页。

侧为人民公园的空间格局①。地下空间是改造后的人民广场区域的另一个重要亮点,原本在20世纪70年代建设的用于备战、备荒的防空洞和指挥中心②变成了城市生活中不可缺少的重要设施。其中包括位于人民大厦北侧的容量为2万立方米的地下水库,位于博物馆东侧的目前亚洲规模最大的超高压、大容量、城市型22万伏地下变电站③,以及人民广场地铁站。人民广场站是上海地铁重要的交通枢纽,地铁1号线、2号线和8号线在此交汇。此外,在人民广场地下通道,还有迪美购物中心、香港名店街和上海1930风情街三条风格迥异的商业街。

通过这次改造,原来的人民公园、人民大道和人民广场的基本格局仍被保留,但具体设计发生了巨大的变化。这是对人民广场区域的一次大规模的彻底改造,其内核被重新打造,广场从原本的以政治集会为主的政治广场变为关注市民日常生活、凸显上海作为全球城市风采的市民文化广场。沟通异质性文化成为新的人民广场在空间形象层面的可沟通性的最显著特质。本节将从新的人民广场的宏观空间构成和微观空间设置两个层面阐释其特质。

一、宏观空间构成:中国传统、城市精神与国际风格的文化沟通

(一)空间排列:中国传统的中轴线思维

空间是一种形态,换句话说,就是一种排列形式及其与其他排列形式的关系④。图1-4是笔者在上海城市规划展示馆拍摄的人

---

① 黄跃金:《上海人民广场》,上海社会科学院出版社2000年版,第26—28页。
② 白玉琼:《公共空间的历史变迁——以上海"人民广场"的演变为例》,《公共艺术》2014年第6期,第5—13页。
③ 黄跃金:《上海人民广场》,上海社会科学院出版社2000年版,第28页。
④ [加拿大]罗伯·希尔兹:《空间问题:文化拓扑学和社会空间化》,谢文娟、张顺生译,江苏凤凰教育出版社2017年版,第102页。

民广场建筑模型图,展现了新建成的人民广场区域的空间构成。

图1-4　在上海城市规划展示馆展出的人民广场建筑模型图

从模型图上可以清晰地看到,上海城市规划展示馆、人民大厦、上海大剧院呈一字排开状;浦江之光城市广场和上海博物馆则呈纵向垂直状;人民大厦就是横向建筑与纵向建筑的交叉点。这是典型的中国传统的中轴线空间排列模式,黄跃金在《上海人民广场》一书中对这条中轴线进行了详细的描述:

> 在巨变了的绿梦成真的新广场,有一条中轴线,南起武胜路,穿过博物馆的中心、浦江之光中心广场、人民大道、人民大厦,一直到人民公园、南京路,把整个人民广场地区连成一个以人民大厦为中心的有机整体,各景点在中轴线两侧较为对

称地一一展开……①

中轴线思维是一种中国传统的空间排列思维,有着悠久的历史。有学者将其历史追溯至夏商时期,认为当时的建筑虽然不是严格轴对称的,但已经初步具备中轴线思维②。随后,轴对称的空间排列方式逐渐成为中国古代城市规划和建筑设计中非常突出的一个特点,城市的布局与建筑群的组织总是围绕着一条严格的中轴线展开③。这种中轴线的空间思维主要源自孟子"居天下之广居,立天下之正位"的思想④,具有深厚的中国传统文化内涵。同时,从直观的视觉层面来看,中轴线的空间排列方式给人一种端正、沉稳之感,也与中国的传统文化十分契合。由此可见,人民广场的这种空间排列方式是对中国传统文化的一种呈现和传播。

(二)建筑风格:全球化下的风格杂糅

在改造后的人民广场区域,上海博物馆、上海大剧院与上海城市规划展示馆是最具代表性的三座主体建筑,它们的外观都经过精心设计,是表征不同文化的重要媒介。

如图1-5所示,上海博物馆的建筑主体整体采用的是棕灰色花岗石,屋顶为圆形,馆体为方形;在博物馆前,是左右对称的两栋辅楼;在两栋辅楼前,又各立有四只白玉动物雕像。

---

① 黄跃金:《上海人民广场》,上海社会科学院出版社2000年版,第25页。
② 郭明:《简论夏商周时期大型院落式建筑对称布局的演变》,《考古》2015年第3期,第90—98页。
③ 孙品一:《浅议中国古代宫殿与都城的中轴线》,载于郑欣淼、晋宏逵:《中国紫禁城学会论文集》(第八辑·上),故宫出版社2014年版,第81—94页。
④ 同上。

图 1-5　上海博物馆外观

《上海人民广场》一书就对上海博物馆外形的寓意进行了解释:

> 建筑造型方形基座与圆形出挑相结合,具有中国"天圆地方"的寓意……新馆外观建筑造型具有汉代的建筑风格,从远处眺望似一个古代的鼎;从高处俯视,它的形状如同一面硕大的汉代铜镜……南门两侧八尊汉白玉雕塑的汉唐石狮和辟邪、天禄,守护着上海博物馆珍藏的无价的文化财富……①

上海博物馆的建筑设计呈现了中国传统文化的多重维度:"天圆地方"是中国传统的自然观念;鼎和铜镜代表着中国古代的生活方式;石狮、辟邪、天禄与传统文化中的风水观密切相关。建筑具有的丰富的文化表征实际上也在向来往的游客传播着中国传统文化,吸引着他们进入博物馆,观赏更为精致、能表征中国传统文化

---

① 黄跃金:《上海人民广场》,上海社会科学院出版社 2000 年版,第 41 页。

的馆藏品,进而实现更为深入的文化沟通。

图1-6是上海城市规划展示馆的照片,建筑共有五层,底层馆体采用的是通透性很强的玻璃;笔者站在展示馆南面往里看,可以看到展示馆一楼循环播放的上海城市形象片《上海协奏曲》;其余四层采用玻璃和白色外墙相组合的建筑格局;屋顶由四块白色正方形薄壳组成,四周镂空,中间与四根贯穿整个展示馆的柱子连接。

图1-6　上海城市规划展示馆建筑外观

《上海人民广场》一书如此形容上海城市规划展示馆的建筑寓意:

> 展示馆大楼远远看去,像是中国传统的高大城楼中间的"城门",暗喻建筑与城市存在着内在联系,整个建筑主立面以南北轴均匀布置,按照古代城门式样,自下而上,底层为3个城门,二至四层为城垣,五层与柱帽结合体寓意为城门上的箭楼。顶部由四片硕大的连体薄壳艺术造型组成,它犹如四朵

正在盛开的上海市市花白玉兰……①

根据这样的解释,可以发现,城市规划展示馆的外形具有双重含义。一方面,城门、城垣、箭楼都与中国的城市传统构造密切相关,表征着传统的城市文化;另一方面,白玉兰作为上海市市花,表征的则是上海的城市文化。双重含义叠加起来,显示出上海城市规划展示馆的功能及传播的文化意涵。

图1-7是上海大剧院的建筑外形图,照片中呈现的是日间的上海大剧院,它通体透明,主体呈方形,屋顶呈向上弯曲的半月形。

图1-7 上海大剧院建筑外观

《上海人民广场》是这样介绍大剧院的建筑设计过程和设计意涵的:

---

① 黄跃金:《上海人民广场》,上海社会科学院出版社2000年版,第57页。

……法国夏邦杰建筑设计所中标,该方案以"一个敞开的宫殿,它是风景的延续"为构思,"艺"字形象的建筑造型。①

可见,上海大剧院是一个由外国设计师设计的,以汉字为原型的建筑物。虽然大剧院建筑外形的寓意以中国的汉字文化为主,但使用玻璃外墙为主要建筑材质的建筑模式则是典型的国际化建筑的风格。站在上海大剧院外,透过玻璃,建筑内部的楼梯和地板依稀可见。根据《上海人民广场》的描述,上海大剧院的玻璃外墙采用了国际第三代钢索玻璃幕墙技术,这也是这种技术当时在亚洲的首次运用②。上海大剧院融合了汉字文化与西方建筑理念和建筑技术,呈现出中西合璧的特征。

如上所述,在20世纪90年代的改造中新建成的上海博物馆、上海城市规划展示馆和上海大剧院这三个主体建筑,至少体现了可沟通性的两个维度:一是单个建筑本身表征了其特有的文化;二是在人民广场这个大的环境中,多元的建筑同时并置,呈现出一幅将中国传统、上海城市文化与国际风格巧妙结合的空间图景。

二、微观空间设置:异质性的生活方式

一杯茶、一杯咖啡或一杯酒,体现的是不同地方的不同生活方式,与这些生活方式密切相关的是承载这些生活方式的休闲空间——茶馆、咖啡馆和酒吧。威廉斯将文化视为一种生活方式,这就意味着,这些与生活方式密切相关的休闲空间也是文化的表征。笔者在进行实地观察时惊讶地发现,代表不同生活方式的交往空间并存于人民广场,形成了一种多元文化的融合。

---

① 黄跃金:《上海人民广场》,上海社会科学院出版社2000年版,第51页。
② 同上书,第52页。

(一) 茶馆氛围:具有中国传统特色的社会生活

茶馆是具有中国传统特色的社会交往空间。王笛在对成都茶馆文化史的研究中指出,茶馆是中国重要的城市公共空间,即使在咖啡馆、酒馆等其他西方的或是具有现代性特征的城市公共空间出现后,茶馆仍是人们能够承受的公共生活且乐意光顾的最大众化的设施。在王笛看来,茶馆承载着公共生活和社会交往功能,是信息交流和社会活动的中心,还是不少社会组织的大本营①。

笔者在 2015 年展开实地观察时发现,人民公园的报栏旁有一个名为茶苑的茶馆(图 1-8)。茶馆使用的是玻璃外墙设计,茶客可以边喝茶边欣赏人民公园的景色。

图 1-8 位于人民公园内的茶苑

从茶馆略显老旧的建筑外形来看,它已经有一段历史了。茶馆内的装潢也非常简单:长桌、圆桌、方桌、椅子、塑料凳等式样不同、颜色各异的桌椅随意地排列着。每张桌子旁都有三五成群的

---

① 王笛:《茶馆——成都的公共生活和微观世界(1900—1950)》,社会科学文献出版社 2010 年版,第 12—13 页。

中老年人围坐着,热烈地聊着天。每个人面前都放着一个茶杯,桌上还有一个用以添加热水的热水瓶。茶馆的一侧有一个操作台,上面挂着价目表,共有七八种茶,每种茶都是 8 元一杯,价格相对便宜。也就是说,花费 8 元钱,人们就可以在这里坐上一天。在茶馆的操作间旁还有一个小卖部,出售瓜子、花生等零食。茶馆的服务员不多,大多是中年的上海本地女性,穿着款式老旧的工作服,负责泡茶、添水和经营小卖部,动作十分麻利。整个茶馆呈现出一种传统的中式老茶馆氛围,散发着浓浓的中国传统公共休闲生活的韵味。

笔者遇到受访者 A-20(男,73 岁,上海人)时,他正坐在茶馆的一角,没有参与茶馆中的任何讨论,只是静静地坐着独自看书,与整个茶馆的喧闹氛围显得有些格格不入。在随后的访谈中,他告诉笔者,他很享受这种环境,他称之为"茶馆氛围"。他这样告诉笔者:

> 我在这里也不觉得吵,我觉得在这里就是好的。不影响我看书的,我很喜欢这里的这个感觉,所以我已经来了五六年了,基本上天天来。

由此可见,茶馆提供的中国传统的社交氛围至关重要,老人虽然没有参与任何讨论,但他对茶馆中其他人的日常社会交往非常了解,他告诉笔者:

> 这个茶馆是一个很特别的地方,各种人都有,都是中年人、老年人,没有年轻人。他们每个人的文化水平不同,谈论的问题也不同。在这里,价格也比较便宜的。别人都是三五成群、一批一批来的,谈的东西很多,比如谈房地产、股票等。

我不参与讨论,我就一个人看看书。

与哈贝马斯描述的西方沙龙、咖啡馆等公共空间中人员阶层的同质化不同,中国传统茶馆中的茶客的文化背景更加多样化。茶馆中人员阶层的异质性在王笛对于成都茶馆的研究中也有提及,他将其描述为"茶馆具有接纳各阶层顾客之包容性"①。同样,在茶苑茶馆中,也呈现出一种阶层的异质性。在茶馆里喝茶的人,虽然年龄比较相近,但是据受访者 A-20 说,这些喝茶谈天的人在文化背景、家庭背景等方面都有一定的差异。笔者通过观察发现,在嘈杂的茶馆中,各桌茶客谈论的话题也非常不同。在茶馆一侧,一位 70 岁上下的老年男性正在探讨上海房地产的话题,坐在不远处的一位 50 多岁的中年女性则在闲话家常。这也从侧面印证了受访者 A-20 所说的差异性。

(二)酒吧错觉:异域化的交往空间

酒吧是一种西方化的生活空间,但在今天的中国,酒吧并不鲜见,在北京、珠海、广州、南京、杭州等城市都有酒吧街,街道两侧林立的酒吧传递着一种西方化的生活方式。作为一个具有西方特色的休闲空间,酒吧在中国的出现和发展与全球化密切相关。

在人民公园,有一个名为芭芭露莎的酒吧餐厅(图 1-9),顾名思义,它既是酒吧,也是餐厅。实际上,白天的芭芭露莎主要是餐厅,晚上则以酒吧为主。餐厅位于人民公园的荷花池中央,四面环水,只有两条小径连接餐厅和陆地。这是一个摩洛哥主题的餐厅,建筑风格十分洋气。芭芭露莎共有两层,一楼的四周是玻璃设计,客人坐在酒吧往外看,荷花池的景色一览无余;二楼是一个露台,

---

① 王笛:《茶馆——成都的公共生活和微观世界(1900—1950)》,社会科学文献出版社 2010 年版,第 18 页。

上面的客人可以看到更加丰富的公园景致。

图 1-9　芭芭露莎的建筑外观

在实地观察中,笔者发现,在芭芭露莎餐厅消费的人,超过半数都是外国人,他们一边吃饭喝酒,一边交谈。为了便于沟通,服务员中也有几个外国人,菜单也是中英文的。大众点评网的网友"Sylvia_y"说:

> 服务员也基本都是"老外",客人也基本都是"老外",让我偶尔有点错觉……

另一名网友"毛豆子1996"描述了她在芭芭露莎用餐时与服务员交流的场景:

> 服务员还是外国人,里面的经理是会说中文的服务员,不收小费,点单的是中国人,上菜和买单的是只会说英文的菲律宾人。第一次来都是外国服务员的酒吧,……简直用尽了毕

生的英文,而且那个菲律宾人说的英文是菲律宾式英文,有口音,都听不太懂,交流得好累……

从上述两位网友的点评中可以看出,虽然他们在芭芭露莎用餐,但芭芭露莎对于他们来说依然彰显出难以抹去的异域化色彩。这种异域化在"Sylvia_y"处表现为与酒吧的人员构成伴随而来的空间联想,在"毛豆子1996"身上则表现为酒吧中沟通方式的异质性。

对于没有到芭芭露莎用餐的人来说,它同样是一个表征外国人的生活方式的空间。受访者A-09(男,68岁,上海人)在访谈中说道:

外国人去河边的那个西餐厅吃饭,那边主要是外国人吃,吃的东西跟中国人不一样,外国人吃饭的时间也不一样,比我们要晚,下午两点钟,晚上八九点。

他指的"河边的西餐厅"便是芭芭露莎,对于他来说,这是一个代表西方生活方式的空间。受访者B-09(女,23岁,俄罗斯人)在复旦大学新闻学院读研究生。在访谈中,当笔者提及芭芭露莎时,她立刻露出一种激动的表情。从她的反应中,笔者感知到,相对于人民广场上的其他空间,芭芭露莎是一个她更为熟悉的地方。她告诉笔者:

芭芭露莎是一个外国人会去的地方,那边都是外国人,比如美国人等。那里也是一个外国人比较喜欢的地方,外国人都喜欢去那边。在上海的中心,所有外国人都知道这个地方。那个建筑的样子很有意思,我觉得外国人真的会有兴趣,比别的 ancient building 好玩。我觉得一边可以看高楼,一边可以

第一章　从跑马厅到人民广场：空间嬗变与传播实践

吃东西，是很好的地方。

芭芭露莎虽然是一个任何人都可以进入消费的公共空间，但通过访谈可以发现，它实际上是一个更具异域特质的交往空间。习惯于在公园休息的老年人或者说是进入芭芭露莎消费的中国人，都会感受到一种强烈的异域感；对于外国人来说，这一空间反而显得更为亲近，潜在联系更为紧密。

（三）咖啡连锁：全球化的空间表征

与在酒吧喝酒一样，在咖啡馆喝咖啡也是一种典型的西方生活方式。咖啡馆是西方公共生活的重要表征，相较于哈贝马斯谈及的 17、18 世纪的咖啡馆中偏重于政治讨论的公共生活，桑内特笔下的 19 世纪中叶之后更偏向日常生活的巴黎咖啡馆似乎与当今中国城市中人们的咖啡馆生活更为贴近。

在人民公园 7 号门旁边，著名的咖啡品牌连锁店星巴克设有一家分店（图 1－10）。这家星巴克咖啡馆的外墙主要是红砖，共有两层，看上去就像一栋小型洋房，星巴克的绿色商标十分显眼，与

图 1－10　人民广场的星巴克连锁咖啡店建筑外观

红色外墙形成鲜明对比。咖啡馆第一层的装潢与其他星巴克无异,第二层是一个露台,人们在上面可以一边喝咖啡一边观赏人民公园的景色。

笔者在实地观察中发现,这里的消费者以年轻人和都市白领为主,中国人和外国人都有,以中国人为主。有人单独坐着,一边喝着咖啡,一边玩手机或电脑,也有三三两两的人一起坐着聊天。

作为一家跨国连锁咖啡店,星巴克在中国已经成为"小资生活"的标签,同时也是西方消费文化全球化的重要表现。有人用星巴克咖啡馆的数量来判断一个城市的经济发展水平和现代化程度,可见星巴克已经成为现代化和全球化的重要表征。

综上,在人民广场区域,茶苑表征的是典型的中国传统的公共生活方式,芭芭露莎表征的是异域化的社会交往,星巴克则是全球化的空间表征。以三者为载体,展现了多元文化在人民广场区域的共存和沟通。

三、广场作为"全球地方":全球化趋势下的城市缩影

通过上述分析可知,经过20世纪90年代的改造,人民广场成了一个融合了多元文化的异质性空间。这显示出全球文化与传统文化的共存,以及它们对人们城市生活的影响。

玛西用"全球地方感"来形容当下时空压缩时代的一种外向地方感,这种地方感关注到广大世界的关联,并以积极、正面的方式整合了全球和在地[①]。在人民广场,全球化并没有将城市空间的文化内涵予以压缩和同质化,而是赋予了它更加丰富的层次感,使人民广场从地方性的广场成为"全球地方"。

---

① [美]Tim Cresswell:《地方:记忆、想象与认同》,王志弘、徐苔玲译,群学出版有限公司2006年版,第105、113—114页。

第四节　改造和传承：历史的空间呈现

20世纪30年代,上海进入开埠后第一次现代性的鼎盛时期;90年代的第二次现代性,既是改革开放的一大壮举,也是上海对其第一次现代性的延续,李天纲称之为"再全球化"。在这新一轮的"再全球化"过程中,相较于其他城市,上海有一种"回到历史"的恍惚,多了一重"光复传统"的迷茫①。

承载着这样的历史渊源,在这样的时代背景中展开空间改造的人民广场,一方面,广场的空间排列和广场上的建筑形态得到了精心设计,多元文化的交汇和杂糅、全球化的城市发展趋势等在人民广场得到了展现;另一方面,伴随着20世纪90年代的改革开放,上海城市文化的内核再造以及如何继承城市历史、传承城市文化等一系列问题在新一轮的城市建设中得到了关注和重视。因此,在人民广场的改造中,城市历史通过各种方式得到了彰显,形成了一幕幕时空融合的空间图景。

一、空间拼贴：两次"现代性"的呼应

今天人们谈到人民广场时,大多时候指的是人民广场这一区域。以人民广场为原点,东西走向的南京路和南北走向的西藏路,这两条贯通城市的主干道与人民广场、人民公园组成了上海城市中心区的核心区域②,也就是人们通常说的人民广场区域。

走在人民广场,映入眼帘的是一种"空间拼贴"的景象,区域内既有遗留的历史建筑,也有现代化的新建筑。两者拼贴在一起,构

---

① 李天纲:《南京路:东方全球主义的诞生》,上海人民出版社2009年版,第177页。
② 熊月之、严斌林:《上海零点人民广场》,学林出版社2020年版,第34页。

成了人民广场区域的空间群像。

图 1-11 展示的是人民广场上,跑马总会大楼与各种新建成的建筑拼贴在一起的空间景象。图中表征着上海历史的钟楼与各种现代化高楼拼贴在一起,并不显得突兀,而是相得益彰,互相辉映。上海的城市历史和城市文化特质通过这种新老建筑的并置展现了出来,这种历史感也延伸到空间使用者的空间体验之中。

图 1-11 人民广场上新旧建筑形成的空间拼贴

在访谈中,不少受访者自觉或不自觉地把这种在空间中流动的历史感带入自己的生命体验,从而形成一种独特的空间感知,发生于此时此地的空间实践与城市历史产生了微妙的互动。受访者 C-09(女,21 岁,四川人)表示,这种空间拼贴的方式让她感受到 20 世纪的上海历史:

> 在我印象里,上海的历史就是从 20 世纪开始的,历史比较久,那个时候的上海非常繁华。而历史的建筑与现在的建筑放在一起,体现出了上海的历史。

受访者 C-16(女,24 岁,江西人)用"历史的纵深感"来形容这种空间拼贴。在她看来,这意味着一种延续性和整体性:

这种建筑方式有一种历史的纵深感,城市的发展本来就不应该与过去切断,而应该是一个整体的过程,有非常深厚的文化底蕴在里面。

人民广场的这种空间拼贴景象与朵琳·玛西笔下的墨西哥三朝文化广场的发展过程具有一定的相似性。在墨西哥三朝文化广场上,巨大的阿兹特克金字塔废墟、17世纪巴洛克式的罗马天主教堂和国际风格的建筑物这三种不同类型的建筑同时并置。她认为,这种并置通过空间汇集了差异,表征了城市作为历史混合体的意象[1]。受到玛西的启发,笔者反观人民广场,发现20世纪30年代的历史建筑与90年代后建成的现代化建筑分别是上海两次现代性快速发展的产物。人民广场上的这两类建筑将上海的两次现代性通过建筑表征汇聚在一起,形成了跨越时间的呼应,使上海的历史和城市文化特质在建筑的演绎过程中更加具象化。

二、空间改造:在实践中传承

德布雷在阐释"传承"时非常强调物质性载体的重要意义。他指出,为了达到打破时间桎梏的传承目的,物理性的载体和记录方式才是最有效的。骨骼是最初用于传承的物质载体,将骨骼延伸成石头,就产生了建筑物,如石碑、石柱等。这些建筑物是人类最早的物质纪念物,承载着记录和传承人类历史的功能[2]。

建成于20世纪30年代的跑马总会大楼是人民广场地区历史悠久并与人民广场的空间发展联系最为紧密的建筑之一。因此,

---

[1] [英]朵琳·玛西、约翰·艾伦、史提夫·派尔:《城市世界》,王志弘译,群学出版有限公司2009年版,第103—104页。
[2] [法]雷吉斯·德布雷:《媒介学引论》,刘文玲译,中国传媒大学出版社2014年版,第24—26页。

无论是外观还是内涵,它都具有深刻的历史表征意义。跑马总会大楼英式的建筑风格和深色的外墙区别于周边的其他建筑物,显得别具一格。在改造前,跑马总会大楼是一个承载着西方人丰富的社交活动的沟通空间;新中国成立后,跑马总会大楼先后被改造成上海博物馆、上海图书馆和上海美术馆,是沟通文化的重要公共空间(图1-12)。2012年,上海美术馆迁出后,跑马总会大楼仅剩一家西餐厅在大楼5楼经营。2018年3月,经过两年的改造,新的上海历史博物馆在此落地,并向公众免费开放。虽然跑马总会大楼的内部因功能变化而不断被改造,但大楼的外形一直保持着20世纪30年代的风貌。

图1-12 跑马总会大楼现貌

在笔者于 2015 年展开的深度访谈中,谈及人民广场的建筑空间时,没有一位受访者主动提及历史悠久的跑马总会大楼,很多受访者甚至不知道人民广场曾是跑马厅的这段历史。这与当时跑马总会大楼处于修缮和半封闭的状态密切相关。

当笔者主动向受访者展示跑马总会大楼的图片时,大多数受访者都表示对这一建筑没有印象,也有部分受访者看到图片后表示这一建筑让他们感受到浓厚的历史感。受访者 C-07(女,19 岁,广西人)认为,跑马总会大楼"回应"了她"想象中的上海"的形象。她说:

> 这个跑马总会大楼,我感觉就像民国时期的上海的建筑,这符合我对上海的那种"十里洋场"的印象。这与城市的文化很有关系,这类建筑我觉得就是海派文化的一种体现。

受访者 C-18(男,24 岁,上海人)认为这种类型的建筑的存在是上海区别于其他城市的重要特征。

> 我觉得这样的现象出现在上海其实是很正常的,但如果这种建筑放在苏州,就很奇怪。

这意味着跑马总会大楼在人民广场的留存具有很强的历史和文化层面的传承意义。由于当时跑马总会大楼整体上处于修缮期,公众缺乏相关的空间实践,因此,其对历史的传承可能仅限于建筑外形所表征的文化历史。空间实践的缺乏使得人们难以深入了解建筑物更深层次的历史文化内涵,也难以将建筑本身与人们的空间体验融合起来。

由此可见,空间实践之于历史传承具有极为重要的意义。纵观跑马总会大楼的演变史，在建成之初，它是西方人的交往场所，绝大多数中国人无法进入大楼，所以，它承载的沟通功能仅存在于西方人群中，上海市民只能通过建筑本身和依靠如报纸、广播等大众媒介的建构感知这一空间。当跑马总会大楼相继被改造为博物馆、图书馆和美术馆等文化空间时，公众能够轻易地进入跑马总会大楼，展开空间实践，博物馆、图书馆和美术馆同时也构筑了一代人关于跑马总会大楼的空间记忆。及至美术馆搬离，跑马总会大楼进入修缮期，仅余一家西餐厅开放，空间的单一性又重新降低了人们在此展开空间实践的兴趣。2018年，上海历史博物馆在跑马总会大楼开业，是一处免费对公众开放的景点，又强化了人们对这一空间的实践和参与。人们可以在新建成的历史博物馆感受上海的历史，馆内的展览内容与建筑的外在风格相互映衬，传递出浓厚的历史感。

三、空间再现：建造"历史感"

在新的人民广场区域，历史的传承不仅通过保留历史建筑、改造建筑空间内在功能而得以实现，还通过特有的空间设计主动营造历史场景，实现了对城市历史文化的传承。

地下空间也是新建成的人民广场的重要组成部分。其中，一条命名为上海1930风情街的地下街与人民广场的另外两条地下街——香港名店街和迪美购物中心形成鲜明的风格差异。

走进上海1930风情街，首先映入眼帘的是街道两旁的灯箱。灯箱上张贴了包括金融、贸易、航运、娱乐等在内的各种城市历史建筑的照片和介绍，照片的下方还配有一个二维码。笔者在实地观察中用手机识别二维码后，显示出与图片对应的历史建筑图文介绍。从灯箱上的照片到手机上的介绍，媒介技术连接了实体空间和虚拟空间，增强了实体空间的互动性，给人们带来虚实互嵌的空间体验。此外,通过扫描二维码,还可以关注"上海城市规划展览馆"微信公众号,从而"随身携带"这些历史。新媒介技术在这一历史场景的嵌入延伸了传播内容的广度,使历史感扩散到物理空间之外。

街道更深处是一段仿真的老上海街道,两边都是店铺,店铺的建筑风格中西各异,有中式的"汪记老虎灶"仿真店铺模型,也有亮着各色霓虹灯的西式风格的咖啡馆、发型屋等正在营业。在这条地下街的入口处还有一个老上海有轨电车的模型(图1-13),身着改良式旗袍的上海妇女牵着穿着西式校服的孩子等待上车,后面排队的是一位穿着长衫马褂的男子。另外,街道上还有上海的传统建筑——石库门、老上海里弄和小洋房,洋房边上是一个电话亭,电话亭旁分别是擦鞋童和街边卖小吃的小贩的雕像。

图1-13　上海1930风情街的电车模型

这条风情街的名字直截了当地告诉人们,它呈现的是20世纪30年代的上海。实际上,上海开埠后,西方文化便开始输入并逐渐影响上海的城市文化。在几十年的岁月中,通过不断碰撞、相互排斥再到相互兼容,上海渐渐形成了新的城市文化。20世纪30年代是新中国成立前上海现代化发展最为鼎盛的时期。这一时期的上海堪称全国"最为成熟、最为典型的现代化城市"[①],摩登时尚的上海女郎和各种中西合璧的建筑都给世人留下了深刻的"上海印象"。

在访谈中,当笔者向受访者提及这条风情街时,几乎所有的受访者都能迅速反应过来,这说明风情街给人们留下的印象是较为深刻的。受访者C-13(女,19岁,甘肃人)认为,这种通过空间再现城市历史情景的方式体现了上海不同于其他城市的文化特色和历史底蕴。她说:

> 很有老上海的感觉,符合我对上海的想象,在人民广场建这样的一条风情街,我觉得影响蛮大的。其实,所有城市都是大同小异的,现代化、高楼林立是比较正常的,所以,高楼大厦意义并不大,反而特色街道给人的感觉不错。

受访者C-19(男,26岁,安徽人)认为,这条风情街能让人"见微知著",尤其是风情街的细节非常逼真,最能打动人。他说:

> 我觉得这个地方的地板模仿得很好,就像在国外的古老的城市,最明显的特征也就是地面,都是原来古代保留下来的。现在的城市都是宽阔的柏油马路,但是这个风情街的地面很像当时那个时代的城市的地面。这种地面会传递给我当

---

① 忻平:《从上海发现历史——现代化进程中的上海人及其社会生活1927—1937》(修订版),上海大学出版社2009年版,第19页。

时的上海的感觉,包括两边的西式装饰、古旧的灯,这些细节传递出一种更真实的感觉,让我觉得有点像置身在当时的上海。

也有一些受访者认为,风情街中的商业规划与整条街道格格不入。受访者 A-12(女,40 岁,广东人)从事城市建筑规划工作,她表示,风情街是人民广场非常有特色的地方,非常吸引她,但走到商店部分就觉得吸引力不那么强烈了。她说:

> 我刚刚走到城市规划馆下面,我觉得在那儿有这样一条街道,一走进去两边贴的照片,这些都非常吸引我,这就是非常有特色的。但不足的是,再走进去,两边的商店特色就没那么吸引人了。

这位受访者提到的街道里面的商店,就是图 1-14 中的仿古

图 1-14 上海 1930 风情街概貌

店面，经营着各种各样的小商品，有一种将步行者瞬间从历史拉回现实的感觉。这种与历史场景并不匹配的商业模式的嵌入削弱了风情街的历史感。正如受访者 C-09（女，21 岁，四川人）所说：

> 那些模型我觉得很生动，但再走进去，两边的店里出售的就是很普通的东西，瞬间有一种"一下子把人拽回了现实"的感觉。

综合上述访谈的内容，上海 1930 风情街作为人民广场的一个全新的空间，营造了上海在 20 世纪 30 年代的历史情景，这种方式无疑是一种承接历史并有所创新的体现。新媒体技术在空间中的嵌入，使空间的历史感通过移动媒介的中介延伸至实体空间之外。不过，与历史感"不合拍"的商业元素在街道的呈现影响了整个空间历史感的塑造，体验者有被从历史中"一下子拉回"的感觉，从而导致其对历史空间体验的断裂，影响了这条风情街"沟通历史"的效果。

四、关于城市空间沟通历史的再讨论：作为上海历史缩影的外滩

今天的人民广场通过空间拼贴、空间改造和空间再现，将上海的历史与当下融合，历史层面的可沟通性也在这一过程中得以实现。

不同于人民广场最初作为政治广场呈现出的全国性的同质化，改造后的人民广场更强调上海本身的城市特色和文化。这种空间设计的导向性与空间改造的背景密切相关。笔者还发现，在建设人民广场的过程中虽然考量了历史传承的要素，但事实上，广场中的很多历史元素并不能与人进行充分的互动。例如，在风情街中，商业规划不当造成了历史感的抽离和断裂，跑马总会大楼的

频繁改造也在一定程度上影响了公众对这一空间的实践,进而难以深入理解空间想要传达的历史文化内涵。

综合上述各种原因,与外滩、豫园等空间相比,人民广场对于历史的传承并不凸显。在2009年举行的"迎世博·新沪上八景"的评选中,外滩高居首位,而人民广场并未上榜;2015年,外滩又成为上海市唯一入选"首批中国历史文化街区"的区域[①]。有人如此评价外滩:"外滩建筑群建于20世纪初至30年代,凝聚了不同时代建筑艺术的精华。从白渡桥到金陵路,每一幢建筑都代表历史上不同的建筑风格,从19世纪初至今,外滩建筑群一直是上海的标志,其最大的特点在于建筑风格的'万国化'。"[②]外滩已经成为上海市最为重要的表征。本书认为,从沟通历史的维度切入,与人民广场相比,外滩至少存在两个方面的亮点。

其一,是空间在表征城市历史意义方面的丰富性。外滩的标志性建筑共有二十多幢,孙玮按其涉及的行业划分为六类:洋行、银行、饭店、总会、报社和海关[③]。这些建筑以十分丰富的面貌表征了20世纪二三十年代以来上海的城市生活。20世纪90年代,以东方明珠为代表的陆家嘴地区逐渐建设起来,与外滩仅隔着一条黄浦江,所以被称为新外滩。今天,站立在外滩黄浦江边,万国建筑群与对岸的陆家嘴分别表征了上海的过去和今天,这种空间表征意义的丰富性在上海是独一无二的。

其二,是空间在表征城市历史力量方面的聚合性。正如上文

---

① 梁建刚:《外滩入选国家级历史文化街区》,2015年6月14日,中国文明网,http://www.wenming.cn/xj_pd/yw/201506/t20150614_2674116.shtml,最后浏览时间:2021年11月21日。

② 黄大维、钟宁家:《上海外滩建筑群的历史文化价值》,《中华建筑报》2014年2月25日,第13版。

③ 孙玮:《作为媒介的外滩:上海现代性的发生与成长》,《新闻大学》2011年第4期,第67—77页。

提到的,外滩万国建筑群由二十多幢建筑物构成。相较于外滩,人民广场区域的跑马总会大楼、远东饭店、大光明电影院等历史建筑并没有形成建筑群,而是独立于众多的现代化建筑,因此,人民广场上的建筑对历史的呈现是较为单薄的。

  本节通过将人民广场与外滩作对比,发现在沟通历史这一维度,尽管人民广场的空间设计在一定程度上关注了历史元素的保留、改造和新建,但仍然无法作为上海最具代表性的历史传承空间。不过,城市可沟通性的推动不仅需要大的建筑群作为城市最重要的历史表征,也需要小的、具有创造性的空间。所以,在这方面,人民广场地下的上海1930风情街也是一个非常有益的尝试。在未来,如果能对人民广场的一些空间进行再利用和历史元素的再造,它在沟通历史层面的价值将得到进一步的提升。

第二部分

媒介、人民广场与传播实践

对古希腊人来说,广场在城市生活中的重要性不言而喻。然而,当下飞速发展的媒介技术不仅深刻地影响了广场的空间形态,还赋予了人们参与公共生活的新方式。

在人民广场的 1930 风情街上,各种各样的灯箱图片、嵌入图片的二维码,实际上都是媒介技术的印记。针对这一现象,麦奎尔指出,城市与媒介在当下的研究中已经无法分离,因为各种新媒介技术已经成为当代城市的有机组成部分①。这呈现了一种媒介与城市空间相互交织、萦绕和融合的研究视角。

延森以新媒介技术为切入点,归纳出三种不同维度的媒介平台:第一,人的身体,这是面对面的交流活动得以实现的物质平台;第二,大众传播媒介,它以模拟信号传输为特征;第三,数字技术,它催生了网络化交流与传播活动②。

受到延森的启示,本书综合不同媒介形态与城市空间的互动及对应的传播实践,从承载人际传播的实体空间,大众传播、新媒介塑造的表征空间,以及媒介技术与城市空间互嵌形成的媒介融合空间三个维度,对新媒介时代的上海人民广场中的传播实践展开分析。

---

① [澳]斯科特·麦夸尔:《地理媒介:网络化城市与公共空间的未来》,潘霁译,复旦大学出版社 2019 年版,第 1 页。
② [丹]克劳斯·布鲁恩·延森:《媒介融合:网络传播、大众传播和人际传播的三重维度》,刘君译,复旦大学出版社 2012 年版,第 3—4 页。

第二章　作为实体空间的人民广场和公共生活

上海人民广场实体空间的可沟通性主要表现在两个方面：一是作为意义表征的实体建筑物；二是作为公共生活的城市空间，连接人与人、人与社会以及人与城市的交往。其中，第一个层面在上一章中已有所论述，本章主要聚焦第二个层面，从政治、日常生活和交通三个方面对作为实体空间的人民广场上的公共生活展开讨论。

第一节　政治节点：静态的象征与特定时刻的显现

新中国成立后，经过改造的人民广场具有浓厚的政治色彩，随后，它在 20 世纪 90 年代经历了又一次改造，虽然它从政治性广场变为表征全球城市的异质性广场，但政治色彩并未被完全抹去。今天，上海主要的政治机关依然设立在人民广场区域，这一空间设置将人民广场与政治牢牢地联系在一起。不过，相较于改造之前，在空间设置和媒介技术的双重影响下，人民广场无论是作为政治表征空间还是作为政治实践空间，其意义都产生了重大的变化。

一、静态的政治表征空间

从空间设置来看，位于人民广场的人民大厦作为上海市委、市人大和市政府三套班子的所在地,毫无疑问是上海市的政治中心。

图 2-1 是位于人民大道 200 号的人民大厦,它灰白色的外墙和整齐排列的方格玻璃窗呈现出一种端庄稳重、简洁大气的典型政府大楼风格。从远处望去,人民大厦厚重朴实的建筑风格、建筑物上的国徽以及飘扬的国旗组合在一起,呈现出权力机关的庄严。这与人民大厦旁边的上海城市规划展示馆和上海大剧院形成了鲜明的对比。

图 2-1　人民大厦的外观

这样的建筑风格也直接影响了人民大厦的可沟通性,从受访者对人民大厦的评价中便可得知。例如,在访谈中,受访者倾向于使用"不敢接近""有距离感""没有人气""不愿意进去"[①]等词汇形容如今坐落在人民广场的人民大厦。受访者 C-10(男,21 岁,上海人)说:

---

① 材料来源于焦点小组访谈。

如果你不告诉我这个大楼是在上海,我不会觉得这是上海市的政府大楼。这栋大楼没有什么特色,跟外地的政府大楼差不多,有一种千篇一律的感觉。

受访者B-04(男,22岁,陕西人)说:

我有次路过人民大道200号,它门口守卫森严,也没有人在那边进进出出办事。而且现在大家都是去户口所在的街道办事的,那边我直观地看到的服务机构就是市政府大楼,但我知道我要办事情的地方不是这里。

由此可见,无论是在对上海文化的表征上,还是在与人的互动中,人民大厦都是一个可沟通性较为缺乏的空间。但是,作为政治的一种表征,人民大厦本身的意义是十分显著的。

另一个具有很强的政治表征意义的,是每天清晨在人民大厦前举行的升旗仪式。1995年年初,上海市决定每天在人民广场举行升旗仪式,同年5月,组建了人民广场国旗班,负责每天的升旗仪式。每天清晨的庄严、肃穆的升旗仪式有一种强烈的仪式感,营造出浓厚的政治氛围,彰显着人民广场这一空间的政治意义。

虽然当前的人民广场也具有政治表征意义,但它是一个静态的政治空间。如果从政治性广场的视角来观察当前的人民广场,改造后,原来用作政治游行和集会的宽阔空地被各类建筑和绿化景观填充,绿化和隔离栏将人民大道一分为二。这种填充和分割使这一空间不再适合游行和集会的举行。

图2-2是笔者在人民大厦前拍摄的人民大道:空无一人,只有来来往往的车辆。这也是人民大道的常态。从图中可以看到,人民大道已经成为一个车辆行驶的交通空间,同时,人民大道中间

设有交通隔离栏,行人无法在路面穿行。这样的空间设置强调了人民大道作为机动车道的功能,弱化了人民大道的步行功能,因此,人民大道上行人稀少。访谈中受访者的感受也印证了这一点。

图 2-2　人民大厦前的人民大道

受访者 B-02(男,28 岁,上海人)在人民广场附近上班,每天都会经过人民广场,但他与人民大厦之间的连接也是非常有限的。

> 人民大道那边从地下走反而更加方便,因为那边路面很宽,有很多地方是没有人行横道的,只能跨过去或者从一小段地下通道走。人民大道这条路行人是不多的,沿途都是政府建筑,建筑门口的保安比较严肃地站着,让这条道路产生了一种严肃的气质,就是政治的、肃穆的感觉。如果要通过人民大道,大家会从下面走,人民大道这条道路很少有人行走。

受访者 A-09(男,68 岁,上海人)表达了类似的感受。他说:

> 原来没有栏杆的,人民大道全部是可以步行的,是不用从

下面绕的。原来那个地方挺大的,但是也挺乱,现在整齐、干净多了,就是走路不太方便。

可见,今天以人民大厦为核心,包括人民大道和周边建筑在内的人民广场,已经变成一个静态的政治空间。这与20世纪90年代政府执政思路的变化是密切相关的。当下,伴随着新媒体的发展,人们参政议政的方式更加多元,政治沟通的方式也越来越多,政府在网络上开辟了微博、微信等多个平台,设有市长电话和市长信箱等各种渠道,人们的政治参与逐渐从以往的线下转移到线上。

如今,在人民大道前方的绿地上,慕名来参观的游客和市民拍照留念、坐在靠椅上聊天,或投喂绿地上的鸽子,彰显出浓厚的市民休闲氛围。

二、特定时刻政治性的显现

上文所述的上海人民广场作为政治空间的表征化和静态化已经成为一种常态,但在某些特殊时刻,带有政治色彩的活动也会打破这一常态。

2008年的"平阳绿家园小区居民集体散步事件"是近年来发生在人民广场上影响比较大的一次群体性事件,家住平阳绿家园的居民为了抗议政府规划的经过本小区的磁悬浮路线而聚集在人民广场。这一事件将人民广场作为民众表达诉求的政治空间这一逐渐式微的功能重新激活。当时的一篇报道这样描述人民广场上的场景:

> 广场上人来人往。有的三五成群小声说着话,有的站着不动,抬头左看右看,似乎在搜寻着什么;更多的人则不停走

动着,时而有认识的人互相笑笑,算是打招呼。……

这是上海平常的一天,人民广场也一如既往。然而,这一天的人民广场又似乎多了一种不同寻常的气息,喷水池前的马路边上停满了一排各式警车,中间夹杂着两辆半新不旧的公交车。马路边上、广场上,随处可见身穿制服的警察。

……因为害怕有"组织者"之嫌,集聚在广场上的众多人内心大都明白,在众多警察面前,要表示是自发性的活动而非组织性的,大家必须要同时喊出声。这样就需要一个声音起头,他们才能齐声喊出自己想要喊出的口号。

令老蔡意外的是,开头的声音却来自一个警察。2点40分过后,一个警察看到人越聚越多,有点不耐烦地朝人群吼了一声。结果有一些散步的人先小声地叫了起来。一看警察没反应,于是更多的人开始大声叫喊"反对磁悬浮"。再往后,一部分人开始了边挥手边喊口号。

……老蔡觉得无论散步者或是警方,都保持了理性克制的态度。他后来打听到,被警方在现场扭拖上车者,也都在市区别的地点被放下了,并未有人因此被拘捕。①

"平阳绿家园小区居民集体散步事件"的发生,反映了特定时刻人民广场政治意义的重新显现。在符合相关法律法规的情况下,民众以"散步"为名,强调"自发而非组织",用一种微妙的方式在人民广场表达自身的诉求。与此同时,警察对人群"克制的管制"也显示了官方对这次活动的态度:既不愿意人民广场上发生大规模的群体事件,也不愿意采取激化矛盾的方式阻止民众"散

---

① 《特别讲述:上海散步》,2008年1月22日,搜狐网,http://news.sohu.com/20080122/n254821053.shtml,最后浏览日期:2021年11月21日。

步"。民众选择在人民广场散步的行为,实际上就表达了他们对人民广场作为政治表达空间的一种确认。同时,他们的"散步"活动也使人民广场原本静态的政治性被短暂地激活了。

发生在2012年的"占海特事件"也是人民广场政治意义又一次被激活和显现的时刻。2012年6月,随着一条质疑"随迁子女为何不能参加上海中考"的微博的发布,"占海特"这个名字逐渐进入大众的视野。占海特首先以新浪微博为主要阵地,用"我们"代表"随迁子女"发表对"异地中考"政策的质疑,并在网络上与网民展开了激烈的辩论。随后,关于"占海特事件"的讨论延伸到宽带山、天涯等多个论坛,网络空间中关于占海特和异地中考的讨论热度不断上升。

随着该事件网络影响力的不断扩大,占海特在微博上公开"约辩",使得这一事件从线上延伸到线下。2012年12月8日,占海特的父亲占全喜在人民广场举行"亲子活动",被上海警方以涉嫌"妨害公务罪"拘留。一篇报道这样描述当时的情景:

> 12月8日上午,占海特一家与其他非沪籍家庭在人民广场举办"亲子活动"。占海特全家参与,另有其他四五个非沪籍家庭参加。这些家庭的孩子均在上海长大、求学,目前多就读初二、初三,即将面临无法在上海参加中考的问题。
>
> 该活动从当日上午10时许开始,其间主要是家长之间交流经验,同时也亮出印有"权利公平、规则公平"等字样的A4纸。活动开始约半小时后,有广场治安员出面阻止,并表示:"不要到这里反映问题,去政府!"
>
> 11时20分左右,三名警察赶来,要求没收纸张,其间双

方发生肢体冲突。后来八九个警察将占全喜带走……①

与平阳绿家园小区的住户一样,占海特与她的父亲同样选择人民广场作为他们线下发声的空间。与平阳绿家园不同的是,占海特一开始选择以新浪微博作为维权阵地,通过新媒体让自身的诉求变得"可见"②,在线上论战的同时也在线下表达自身的诉求。这意味着互联网的发展并未彻底取代人民广场在公共表达层面的意义。

人民广场的政治意义在特定时刻的显现并不仅限于上述民众"散步""举办亲子活动"等事件。2020年4月4日是国务院为悼念在新冠肺炎疫情中牺牲的烈士和逝世的同胞选定的"全国哀悼日"。当天清晨,人民广场上的国旗在到达旗杆顶部后缓慢下降至距离旗杆顶部三分之一的位置。上午10点,根据国务院的号召,全国人民为在疫情中逝去的同胞默哀3分钟。在B站上的一段名为《上海人民广场上,鸣笛默哀三分钟。致敬英雄》③的视频中可以看到,在人民大厦前的空地上,特地前来和途径的人们都停下脚步,自发地站在一起,面向国旗,低头默哀。在这一刻,人民广场作为人们向同胞表达哀悼、传递作为中国人的共情的空间,其政治意义再一次显现。

总体而言,如果从政治沟通的视角来解读20世纪90年代的人民广场的空间改造,其最为重要的意义就是实现了从原本的政

---

① 《占海特之父被刑拘》,2012年12月10日,新浪网,http://news.sina.com.cn/o/2012-12-10/053925770510.shtml?from＝www.hao10086.com,最后浏览日期:2021年11月21日。
② 孙玮、李梦颖:《"可见性":社会化媒体与公共领域——以占海特"异地高考"事件为例》,《西北师大学报》(社会科学版)2014年第2期,第37—44页。
③ 《上海人民广场上,鸣笛默哀三分钟。致敬英雄》,2020年4月4日,bilibili,https://www.bilibili.com/video/BV1xa4y1t7SC/,最后浏览日期:2021年12月29日。

治广场向全球城市的市民文化广场的转型。其最为核心的特点就是,人民广场上的政治沟通以静态的政治表征为主导。但是,前文提到的对人民广场的政治性的唤起,意味着它作为上海的政治中心,政治沟通的特质并没有随着空间改造消失。当前人民广场作为政治空间的表征化和静态化,一方面是受到政策导向的影响;另一方面是基于网络理政的发展,公众表达诉求的渠道更为多元。

第二节 "广场芭蕾"与"亲切经验":老上海人的社会交往空间

在日常,慕名而来的游客和在广场上休憩的老人是人民广场上最为主要的两类人群。前者是为了在这个作为上海市中心的城市空间"打卡",他们匆匆而来,又匆匆而去,在广场上停留的时间非常有限;后者则日复一日、长时间地停留在人民广场,可以说是对上海人民广场最了解的一群人。

笔者在实地观察中发现,这些老年人时而在人民广场区域散散步,时而在广场的椅子上坐着休息。他们当中,有些人是结伴而来,但更多的人是自己一个人来。他们在广场上会见老朋友,也结识新朋友,或者只是安静地一个人坐着,看着来来往往的人流。他们是人民广场上日常空间实践场景的主要组成部分。

一、反复的日常:老年人的"广场芭蕾"

日常在上海人民广场休息的老年人往往都有一些共同特点,如都是退休在家的"老上海";住址靠近人民广场;在人民广场一待就是半天甚至一天;对人民广场特定区域有固定偏好等。他们按照自己的偏好,在人民广场上,日复一日地展开重复或是相似的空间实践。正如很多受访者在访谈中提到的,他们把在人民广场的空间实践直接嵌入日常生活,"每天都来这里(人民广场)"成为有序进行的日常生活的重要组成部分。

西蒙提出了地方芭蕾(place ballet)的概念。地方芭蕾的产生是基于身体芭蕾(body-ballet)和时空惯例(time-space routine)的结合。其中,身体芭蕾指人们在日常生活中具有连续性和重复性的身体动作;时空惯例指与地方相关的人们的规律性行为。个人的身体芭蕾定期出现在某些地方,经过不断重复,就形成了地方芭蕾。人与地方的情感和对地方的依恋在这个过程中就产生了[①]。在雅各布斯看来,这种本身并未经过专门组织的行为才是城市空间日常生活的力量[②]。老年人在人民广场的空间实践活动,实际上就类似于西蒙所说的地方芭蕾。

为了更好地呈现这场发生在上海人民广场的地方芭蕾,笔者通过实地观察记录了他们不同的地方芭蕾形式,具体可以分为三种类型。

(一)观看

一些老年人来到人民广场并不是为了与其他人展开交谈,而是为了享受人民广场特定的公共生活氛围。因此,他们在人民广场的日常以观看为主,往往喜欢坐在人群较为密集的地方,静静地享受人民广场特有的氛围。

受访者 A-05(男,72岁,上海人)几乎每天都来人民广场,笔者遇到他时,他正在茶苑茶馆旁边的树下坐着。他说:

[①] 古丽扎伯克力、辛自强、李丹:《地方依恋研究进展:概念、理论与方法》,《首都师范大学学报》(社会科学版)2011年第5期,第86—93页。

[②] [加拿大]简·雅各布斯:《美国大城市的死与生》(纪念版),金衡山译,译林出版社2006年版,第47页。

老年人为了休息一下,散散步,就到这里来了。我吃好中饭就来了,每天下午都来的,来这边休息一下。我家住在这附近。我爱人也来人民广场的,不过她上午来,我下午来,我们不一起来的。

受访者 A-03(女,64 岁,上海人)居住在浦东新区,但仍然每天都前往人民广场,而她在广场上几乎不认识任何人。

退休以后,只要不下雨,我就来人民广场,我喜欢在人民广场这边坐着,这里是一个休息的地方,比较安静,绿化也比较好。

扬·盖尔结合城市规划的经验指出,"那些能很好地观察周围人活动的座椅比难以看到别人的座椅的使用频率要高"[1]。在笔者的观察中,这些老年人也往往喜欢坐在能看到更多景观和更多周围活动的座椅上。这实际上就是一种参与沟通的方式,"在人民广场"这一行为本身就是一种与城市空间和城市的沟通。在这个层面上,人民广场对他们而言是一个具有可沟通性的城市空间。

(二) 聚会

另外一些老年人与老朋友、新朋友相约在人民广场,作为他们日常交往的一个中介之地,人民广场是他们聚会的空间。

当笔者遇见受访者 A-01(男,70 岁,上海人)时,他正坐在上海博物馆与浦江之光广场间的人行道边上的长椅上,与一位看上去与他年纪相仿的老人聊天。他告诉笔者,"来人民广场碰头"是

---

[1] [丹麦]扬·盖尔:《交往与空间》(第四版),何人可译,中国建筑工业出版社 2002 年版,第 31 页。

他们之间的一个约定。

> 我们两个人认识几十年了,平时一个人在徐家汇,一个人在杨浦区,人民广场是上海市的中心,正好可以在这里碰头。这边周围环境比较好,一个月来一次,交通又方便,吃饭又方便。

笔者遇见受访者 A-09(男,68 岁,上海人)时,他正坐在人民公园入口处的长椅上与旁边的老人交谈。在后续的访谈中,他告诉笔者,与他交谈的对象是在人民广场上认识的新朋友。他还说,基于广场这一公共空间而建立的新的社交关系,相对而言层次是比较浅的。

> 来这里就是休息,退休了下午没事干,一个礼拜来三四次。我住在这附近,在这里跟旁边的人就慢慢认识了,基本上就是在这里随便讲讲,但是回去以后也就不联系了,主要的聊天内容就是养生等,不会谈什么深入的。

从这个维度来说,在个体的社会生活中,人民广场为人们的一对一交往提供了便利,人民广场的可沟通性呈现出一种从群体转向个体的特征。

(三) 活动

还有一些老人热衷于在人民广场上举行和参加各种各样的休闲活动,最常见的就是在人民公园打牌和下棋。只要不下雨,在人民公园总能看到一群一群的老人聚集在一起,有人打牌、下棋,也有人在旁边围观。时间长了,围观的人总忍不住品评几句,这时就会招来下棋者的牢骚:"观棋不语!"

第二章 作为实体空间的人民广场和公共生活

除了打牌和下棋,乐器演奏也是人民公园比较常见的一个活动。受访者A-22(男,67岁,上海人)每天在人民公园荷花池旁的大石头上为往来的行人弹奏凤凰琴,悠扬的琴声总能吸引往来的行人驻足观看。他说:

> 我每天早上八九点就来了,一直待到下午三四点。我也去过其他公园,但是这里最好,人比较多。
>
> ……
>
> 我每天的演奏顺序基本上是《九九艳阳天》《四季歌》《天涯歌女》和《红河谷》,前三个曲子主要是弹给早晨在这里的老年人听的。这些曲子可以勾起他们的回忆,他们对这种东西特别有感觉,主要是有一种回到年轻时候的感觉。然后我就弹《红河谷》,这个节奏特别快,可以把人往这边吸引过来。
>
> ……
>
> 我就是弹出来给你们听,你们认可我就可以了,我就非常开心。有一次我弹《小路》,这首歌好像学校里面也教,那天有个十二三岁的小朋友说"叔叔,你弹的是不是《小路》",我听了就特别开心。还有一天,我特地给一个小女孩露一手,弹《浏阳河》,结果弹完了,她却听不懂。

对于受访者A-22来说,弹奏乐器是他的一种社会交往方式,他希望通过音乐的方式与行人交流,并得到回应,从而参与人民广场的公共生活。

(四)作为对比:短暂停留的年轻人

与老年人长时间地停留在广场上并开展社会交往活动不同,年轻人很少在人民广场停留很长的时间。笔者在实地观察中发现,年轻人在人民广场的停留时间通常很短。人民广场是他们"碰头"的一个地方,会面后的活动并不局限于人民广场。年轻人选择人民广场的核心原因是其作为市中心的区位特征以及这一区位特征带有的极强的表征性。

受访者B-01(男,27岁,上海人)表示,人民广场是他最常用的会面地点。

> 我一般去人民广场就是跟同学碰面,然后去周围吃饭,这个地方是所有人过去最方便的地方,交通上也最方便。这个就是市中心与副中心的区别。我基本上好几次跟各种不同的朋友吃饭,人数一旦超过五个人,最后基本上都会回到人民广场这块区域,因为处在一个大家生活半径的交集点。

受访者B-02(男,28岁,上海人)也将人民广场视为一个见面的标志性地点。

> 我认为人民广场是一个地标般的存在,能够指明一个方位,有标志性,可以作为会面的地方。……尤其是没有决定好去哪里时,到那边会面是最好的。

由于是以会面为主要目的,所以,在具体地点的选择上,与老年人倾向于选择较为热闹的地点不同,年轻人更愿意选择能使会面变得容易的标志性场所。例如,笔者在人民广场展开实地访谈时,正好碰到受访者A-14(女,26岁,湖北人),她正在人民公园的荷花池旁等人,她告诉笔者:"因为这里只有这样一个池子,很好认。"

由此可见,对于年轻人来说,人民广场并不是一个展开社会交往活动的地方,而是展开社会交往活动的起点和连接点。这与老年人对于人民广场的态度是截然不同的。

二、广场情结：老年人的"亲切之地"

为什么老年人能在人民广场展开更为深入的社会交往活动呢？笔者发现，这与他们作为"老上海"的身份密切相关。人民广场承载了他们独特的情感和记忆，与他们的生命体验具有密切的关联。

受访者A-01（男，70岁，上海人）在访谈中多次回忆起年轻时在人民广场的经历。他虽然现在住在虹口区，但还是习惯性地选择人民广场作为日常闲逛的地方。

> 有时候吃完夜宵，不想睡觉，就从家来人民广场，感受一下夜上海，来这边转一两圈，玩一玩。也不是远近的关系，这边地铁方便，环境也好，而且年轻时候的经历根深蒂固，一想到去哪里，就想到人民广场。我对这里有情结，它对我来说就是一个"老地方"。

笔者遇到受访者A-02（男，72岁，上海人）时，他正与老伴带着孙子和孙女在人民公园的长椅上休息。两个小孩在一边玩耍，老伴在一旁看着两个小孩，老先生则在长椅上看书。在访谈中，他表示，虽然现在家附近也有这样的休闲空间，但人民广场给他的感觉是不一样的，让他想起年轻的时光，有一种怀旧感。

> 我们对人民广场有感情，小时候也来人民广场。小时候的人民广场小，现在大多了，但是呢，广场的功能少了，办公的功能、行政的功能大了，公园的功能也多了。以前来人民公园是要门票的，现在不要了，感觉整个广场的卫生状况都变好

了,其实也有一种怀旧的感觉。

受访者A-05(男,72岁,上海人)从小居住在人民广场附近,工作也是在广场附近。谈起人民广场的变迁,他如数家珍。现在,他每天下午都会去人民广场坐一会儿。

> 我从小生活在这里,都是看着人民公园变迁的,是很有感情的。

在访谈中,还有很多老人提及人民广场的今昔变化,这些变化中也浓缩了他们的生命体验。例如,受访者A-11(男,71岁,上海人)说:

> 这里原来都是空地,很空、很大的。从这里(上海博物馆)一直到人民公园,都是空地。现在这边建筑和绿化都多起来了,原来这些都没有的。

受访者A-09(男,68岁,上海人)说:

> 年轻的时候也经常来人民广场,原来市政府的大楼都是在人民公园里面的,以前这里可以划船的,现在没有了。最大的变化是人民公园变小了,原来人民公园的面积大多了。

段义孚将人们与特定地点的情感联系称为地方的亲切经验,故乡理所当然是一个蕴含丰富亲切经验的地方,有人们丰富的情感、回忆和生活体验。但是,人们的地方情感往往是难以表达的,甚至连他们自己都难以察觉。因此,地标和地方实践有利于促进人们对于地方的回忆,激发人们对地方的情感①。正如段义孚所言,对于在人民广场上的老年人来说,这里一方面是他们家乡上海的地标;另一方面,人民广场也承载着他们年轻时的记忆,是他们生命经验的重要组成部分。这使得他们对人民广场有一种特殊情结和浓厚的亲切感。正是这种亲切经验,使得他们能在广场上演绎"广场芭蕾"。伴随着地方芭蕾,他们的地方情感被唤醒,获得了地方情感体验及与地方的情感互动。段义孚还指出,在一类人群中,地方经验会有充分的重合之处,所以地方情感是可以共享的②。进一步而言,老人们在人民广场的空间实践实际上也包含共享地方情感并在这一过程中获得自身情感体验和情感满足的过程。

综上所述,人民广场对于老年人群体来说是一个沟通地方情感的空间。在这个过程中,可沟通性体现在两个方面:一方面,人民广场沟通了他们与他们的情感记忆,帮助他们更好地感知和体验自身的地方情感;另一方面,他们通过在人民广场开展社会交往活动,共享自身的地方情感,在这个过程中实现了与他人的互动和情感的交流。

第三节 地下交通空间对人民广场的再形塑

伴随着20世纪90年代的改造和轨道交通的发展,人民广场的交通功能被不断拓展。当前,作为旅游集散、公交枢纽和三条轨

---

① [美]段义孚:《空间与地方:经验的视角》,王志标译,中国人民大学出版社2017年版,第111、118、130、134页。
② 同上书,第120页。

道交汇处的人民广场,是上海最重要的交通枢纽之一,交通日益成为很多人与人民广场产生互动的重要原因。

从传播学的角度来看,传播与交通本就是一脉相承的关系,两者都有传递信息和维系社会关系的使命。根据威廉斯对"传播"(communication)一词词源的分析,"communication"早先就是指道路、运河、铁路等交通设施,及至大众媒介技术蓬勃发展,其意义才开始拓展至媒介,与交通工具的关联开始逐渐弱化①。无独有偶,詹姆斯·凯瑞提出了传播的传递观和传播的仪式观。其中,传播的传递观便是"源自地理和运输(transportation)方面的隐喻"。凯瑞认为,在人类历史上,运输和传播一直都是不可分割的,直到19世纪中叶,电报的出现才打破了传播与运输的"同一性"②。

然而,交通与传播的完全分离使人们对交通的理解走向了局限于运输层面的境地。事实上,交通并不仅仅指向交通工具的流动,它还有重要的建构性力量,对城市与城市公共生活具有显著的形塑意义。交通不仅构成城市网络,还塑造了人们参与和理解城市的方式③。同时,由于城市化带来的城市扩张与超大城市、特大城市等的形成,公共交通迅速发展,人们使用公共交通的时间变长,频率也不断升高。在这样的背景下,交通空间的功能不断拓展,交通已经不单单意味着人们身体的移动,而且与信息传递、社会交往、媒介嵌入等各种传播实践密切相关。

地铁是当今城市生活的重要组成部分,人民广场地铁站是上

---

① [英]雷蒙德·威廉斯:《关键词:文化与社会的词汇》,刘建基译,生活·读书·新知三联书店2005年版,第73页。
② [美]詹姆斯·W.凯瑞:《作为文化的传播》,丁未译,华夏出版社2005年版,第4—5页。
③ 张昱辰:《在全球与地方间的媒介:城市轨道交通在上海的传播(1980—2010)》,《国际新闻界》2019年第3期,第6—23页。

海市内客流量最大和空间最为复杂的大型轨道交通换乘枢纽[①]。1号线、2号线和8号线三条地铁线路在人民广场交汇,在地铁站的换乘空间中,行色匆匆的人群、各种各样的商店和五彩缤纷的广告使地下空间显得丰富多元。本节将从传播学的视角对人民广场地铁站展开分析,探索地铁站对人民广场可沟通性的影响。

一、人民广场地铁站:编织移动之网

1994年,上海地铁1号线全线开通[②],在人民广场建立站台,随后,地铁2号线、8号线都经停人民广场,人民广场地铁站的空间也随之扩张。相比于跑马厅时期和新中国成立后的人民广场,以地铁为代表的人民广场地下空间的出现,是当前人民广场重要的空间特征。

实际上,在新中国成立后不久,人民广场区域的地下空间已经动工。受访者A-05(男,72岁,上海人)由于工作原因,对当时人民广场的地下空间非常了解。他回忆了当时人民广场的地下空间:

> 地下早就全部挖空了,备战的时候挖的。现在很多地方都是防空洞改建的,大概是从1962年开始挖,一直挖到1971、1972年。

当时人民广场的地下空间显然更偏政治性。随着20世纪90年代后人民广场的改建,其地下空间也被重新改造,由三条商业街和地铁站组成的人民广场的地下空间,在今天已然成为人民广场

[①] 熊月之、严斌林:《上海零点人民广场》,学林出版社2020年版,第173页。
[②] 上海市黄浦区志编纂委员会:《黄浦区志》,上海社会科学院出版社1996年版,第631页。

的重要组成部分,并为广场的社会生活增添了很多新的可能性。受访者A-01(男,70岁,上海人)的说法体现了地下空间的重要性及对人们的空间实践活动的影响。

> 我主要是在这里(上海博物馆旁边的长椅上,离通往香港名店街的入口很近),人民公园去得比较少,也会去,转一圈。在这里方便,吃东西方便,下去就是地下的香港名店街,想吃什么都行。天热了我就下去坐一会儿,吹吹空调。

不过,对更多的人来说,地铁站是地下空间的核心。人们通过搭乘各路地铁出行,如果时间不太赶,他们还会在地下通道和大厅的小店稍稍驻足。这是人民广场地下空间最常态化的图景。西蒙认为,"身体移动性"是理解地方的关键性概念。人们展开的"空间的日常移动"连接了个体与地方,个体移动会产生地方经验,甚至通过移动构建对地方的情感[①]。对于那些每天在人民广场换乘地铁的人来说,这种移动已经内化为他们的日常生活。在这个过程中,人民广场也成了一个嵌入在他们日常生活的空间。

受访者B-02(男,28岁,上海人)每天乘坐地铁1号线上班,到人民广场站下车。交通表征的移动性直接影响了他对人民广场的认知。在他看来,人民广场是一个人口流动性很强的地方。

> 人民广场那一块全部是流动性人口,上班族、购物的人。他们不是一个固定的群体,也不是一种固定的状态,以行走的人为主。

---

① [美]Tim Cresswell:《地方:记忆、想象与认同》,王志弘、徐苔玲译,群学出版有限公司2006年版,第57—58页。

地下通道通过提供一种新的移动方式改变了人们在人民广场的空间实践。例如,在访谈中,很多受访者都表示,与地铁连通的人民广场地下空间,通过提供清晰的标示和四通八达的空间设计,给他们带来了更为舒适的移动体验,使他们更愿意行走在地下空间。受访者 B‐05(男,25 岁,安徽人)说:

> 地下走就是方便,去哪里都更简单明了,而且地面上我也不知道交通情况。我觉得人民广场做得比较差的就是路面的交通,……走过两三次以后就会发现人民广场的地面交通非常不方便,包括过西藏路时,从人民广场到南京东路也是要走地道。所以我一般都从地下直接走,然后选择距离目的地最近的一个地铁出口。

由此可知,连通人们的身体与城市是人民广场地铁站最显著的沟通意义。这主要分为两个层次,一是人民广场地铁站是上海十分重要的一个交通枢纽,人们通过在这里搭乘、换乘地铁等空间实践活动,去往城市的各个地方。因此,人民广场地铁站实际上沟通了个体与城市的各个空间。二是人民广场地下空间的设计为人们在人民广场的空间实践活动提供了更为便捷的移动方式,沟通了个体与人民广场区域各个地点的互动。

二、20 个出口:重构人民广场

人民广场地铁站是上海市出入口最多的地铁站之一,只要进入人民广场地铁站换乘大厅,就能听到地铁广播里浑厚的女声播报"人民广场共有 20 个出入口"。除了广播介绍,地铁站内还随处可见指示各个出入口具体位置的标示。这些出入口使人民广场地铁站与周边不同方向的地面空间连通,便于个体与地面空间的连接，赋予了人们全新、丰富的空间体验，甚至重构了人们对人民广场这一空间的理解方式。

受访者B-01（男，27岁，上海人）认为，地铁站的出口布局与地面上的人民广场的布局息息相关。

> 城市的地下空间是非常重要的，今天的人民广场地下空间的丰富和商业布局的开发，跟城市生活是密切相关的，比如1号线在来福士有出口，2号线在上海美术馆有出口。

受访者B-05（男，25岁，安徽人）告诉笔者，相较于地上，地下空间反而给他带来一种在地面上无法获得的"空间感"，所以，地下空间在他的意识中建构了一个更为完整的人民广场。

> "地下的生活"其实更有一种空间感，……因为人民广场作为地铁换乘站，它的地铁出口是最为复杂的，这种封闭的空间感就让人觉得地下整个都是打通的。但是，人民广场在地面上看起来像被几条大道分割了，……是好多条横纵相间的马路……

受访者B-04（男，22岁，陕西人）持有类似的观点，他甚至用地铁可到达的范围来定义人民广场的空间范围。

> 可能我对人民广场的定义就是地铁站那么多个出口，围成很大的圈，这个圈里面的地方就是人民广场。

由此可见，地铁站及地下空间对人们对人民广场的空间实践具有显著的影响，其意义不仅是提供空间，还重塑了人们对人民广场的认知。

三、多元传播实践：空间功能的再造

作为有三条轨道交汇和20个出入口的人民广场地铁站，它的换乘大厅十分宽敞(图2-3)。换乘大厅共有两层，第一层面积很大，由地铁闸机分为站内和站外两个部分。其中，站内部分主要用于行人换乘，站外部分则是一大块空地，经常用以进行各种各样的展览和宣传活动，边上还有一些小商店，出售面包、饮料、零食等。第二层主要也是一些餐饮商店，每家商店旁边都摆放着一些桌子和椅子，供购买食品和饮料的客人稍事休息。这样的空间设置实际上为人民广场地铁站这一以行人快速移动为特征的空间提供了"固着"的可能性，并为停留的人们在这一空间开展社会交往活动提供了潜在的可能。

图2-3 位于人民广场地铁站换乘大厅的展板

除了充当一个供人们在移动中稍作休息的空间，人民广场地铁站的地下空间还有其他丰富的传播实践，例如，在换乘大厅和换乘通道有各种广告牌和电子屏幕，还有一些特色活动轮番上演，对这一原本以提供行人移动为核心功能的空间展开了再造。

（一）广告牌和电子屏幕

在人民广场地铁站通道和换乘大厅经常可以看到各种各样的广告牌和电子屏幕，这些嵌入地铁站实体空间的媒介不仅用于宣传，还再造了空间，重塑了人们的空间实践。

2016年2月，人民广场地铁站换乘大厅的正中央展出了一个环形电子屏幕装置（图2-4），环形屏幕的中间是一棵挂着中国结的圣诞树，地上还摆有一圈盆栽。上述元素组合在一起，形成了一个引人注目的景观，最受关注的就是电子屏幕上正在播放的影片。笔者发现，展板上的内容和屏幕上的内容会经常更换，有讲述上海革命历史的，也有讲述上海城市发展史的。这个装置吸引着来往于换乘大厅的行人驻足观看，还有一些人用手机拍下照片和视频。可见，这一装置的嵌入不仅仅是在换乘大厅中塑造一个景观，还在一定程度上改变了人们与这一空间展开互动的速度。

图2-4 位于人民广场地铁站换乘大厅的影像景观装置

2021年9月,在人民广场地铁站19号口和7号口展出了宣传《原神》一周年活动的广告灯箱和地贴(图2-5)。《原神》在人民广场的"降临"使人民广场地铁站通道的样貌焕然一新,原本单调的地下通行空间变成了一个展示二次元文化的空间。由于《原神》在年轻人中具有很高的热度,一大批粉丝特地前往人民广场地铁站"打卡",引发了一系列的围绕人民广场地铁站的空间实践和媒介实践。在"打卡"的过程中,粉丝们拍摄了视频和照片,并上传到网络,仅B站上就有数条围绕人民广场地铁站《原神》系列广告牌的视频。在一则视频的弹幕中,网友发出"广州7号线也要""上海好幸福啊""南宁给我安排""海南极其羡慕"等众多评论。这些视频进一步构建了人民广场地铁站作为展示二次元文化的空间形象,引发了网友的线上互动,丰富了人民广场地铁站的形象。

图2-5　人民广场地铁站的《原神》广告①

---

① 《〈原神〉上海人民广场地铁站黑暗降临》,2021年9月15日,bilibili,https://www.bilibili.com/video/BV1tL411x7xa?from=search&seid=778930224036872920&spm_id_from=333.337.0.0,最后浏览日期:2021年11月21日。

(二) 地铁音乐角

"角文化"一直以来都是人民广场的特色文化,从英语角、太极角、股票角再到相亲角,都是以人们的某个共同兴趣或主题为中介,构建起人群在实体空间的聚集。这种"角文化"也从人民广场的地面空间延伸到地下。2013年元旦,作为"上海地铁公共文化建设三年行动计划"的重头戏之一的"上海地铁音乐角"(以下简称地铁音乐角)在人民广场地铁站换乘大厅举行了第一期,并将每个双休日上午的9:30—10:30规定为地铁音乐角的公益演出时间(图2-6)。现在,经过8年的时间,地铁音乐角已经成为人民广场地铁站的一大特色活动[①]。

图2-6 位于人民广场地铁站的地铁音乐角[②]

[①] 《"上海地铁音乐角"今天在人民广场站大厅揭幕》,2013年1月1日,上海地铁网,http://www.shmetro.com/node49/201301/con112593.htm,最后浏览日期:2021年11月21日。

[②] 《地铁音乐角荣获2014年上海市公共文化建设创新项目奖》,2015年4月17日,上海地铁网,http://www.shmetro.com/node49/201504/con114042.htm,最后浏览日期:2021年11月21日。

在地铁音乐角,参与表演的既有业余音乐爱好者,也有专业音乐人;表演的种类十分多元,包括独唱、合唱、乐器演奏、歌舞等。同时,主办方对表演的安排还与特殊时间节点相互呼应,比如在国庆、中秋、新年等举办富有节日特色的音乐活动。

地铁音乐角位于人民广场地铁站 17 号口旁边,虽然只有双休日演出,但为演出而搭建的舞台及舞台上的钢琴和电子显示屏都是常年固定的。平日里,行人路过便能清楚地知道这里就是地铁音乐角。每当双休日演出时,这里总是站满了观看表演的人。人群中有特地赶来的演出者及其家人、朋友,但更多的是路过的行人。行人觉得新奇或者看到自己喜欢的表演后,便会驻足。在观看时,还有不少人拿出手机拍摄照片或视频。笔者通过网络搜索发现,网上有大量有关人民广场地铁音乐角的视频,大多出自路过的普通观众之手。这意味着,人民广场地铁音乐角的影响力不仅仅是停留在线下的实体空间,还延伸到线上。

受访者 B-02(男,28 岁,上海人)认为,人民广场的地铁音乐角给他留下的印象最为深刻,是他觉得最有意思的地方。他回忆起观看过的一场演出:

> 地铁站里面,在 1、2 号线换乘的大厅有一个台子,那个地方有不定期的演出(音乐角)。我去看的时候是 2014 年建军节前后,所以是一个军人的表演,包括舞蹈、唱歌,拉近军民之间的关系。那天是双休日,有蛮多人驻足在那边看,至少有五六十人。那一块已经靠近出站口了,通往各个地方,那儿的人是无所谓赶不赶得上地铁的,是一个目标性不太强的区域。比如我,我那个时候原本是去看展览的,就在那边待了两三分钟,觉得很神奇,地铁下面的一个广场居然有一个舞台,还有表演,还是精心策划出来的。

受访者 C-20(女,22 岁,贵州人)认为,地铁音乐角的设置为人民广场地铁站的地下空间增添了浓厚的文化气息。

> 我觉得这个音乐角体现出上海的文化包容,艺术是多样的。在现场的感觉很好的,想听就驻足,不想听就可以跟随人流走掉,生活中应该有对音乐的享受。

对于受访者 C-14(男,21 岁,河北人)来说,地铁音乐角的意义更为显著,因为他特地前往人民广场地铁站就是为了观看地铁音乐角的演出。

> 我听同学说那里有个音乐角,有人弹钢琴,所以我就特地跑去看了。我觉得有这样一个免费的地方很好,可以感受下艺术氛围。

地铁音乐角是人民广场地铁站具有创造性的一个空间实践活动,它最大的意义就是为地铁站这样一个行人往来的公共空间增添了文化气息。在开展地铁音乐角活动时,本来作为移动空间的人民广场的地下区域短暂地变成一个文化空间,给人们一种驻足停留的可能性,从而将人们与这一空间的沟通从单一的交通拓展到文化的维度,实现空间的多重沟通。

第三章 多元建构:广场形象的塑造

城市空间从来都不是纯粹的物质存在,不同主体通过不同的技术路径参与空间实践,对空间进行再诠释,从而形成一个基于多元主体实践的、对城市空间进行再创造的表征空间。

凯文·林奇认为,空间不仅仅要"可见",还要"可意象",即强调城市空间不仅仅是要被看见,更重要的是"清晰、强烈地被感知",而这种"感知"就是"可意象性"[①]。"可意象性"强调主体在精神维度对空间的建构,强调主体在空间实践过程中对空间的精神体悟,以及在此基础上产生的精神创造。从这个角度来看,空间意象形成的过程实际上也是多元主体与城市及其空间互动的过程,因而也是主体与空间沟通的过程,空间可沟通性在此得到呈现和形塑。

媒介在城市空间形象形成过程中的作用不容置疑,城市空间形象形成于城市物质空间与人们对城市主观认识的互动过程,但其呈现、建构和传播都是通过媒介得以实现的。尤其是在当下,媒介化社会的形成使城市空间形象的形成更加无法脱离媒介的作用。

本章将关注人民广场空间形象的媒介生产、塑造和相关的实践活动,通过深入的分析,对与之关联的可沟通性状况予以呈现。

---

① [美]凯文·林奇:《城市意象》,方益萍、何晓军译,华夏出版社2001年版,第7页。

第一节　大众媒介对人民广场的建构

　　大众媒介的诞生与城市的发展相伴,自大众媒介诞生之初,它就在对城市空间形象的建构中起着不可替代的作用。报纸、电视等大众媒介通过文字、图片、影像等形式呈现和建构城市空间,塑造城市空间形象,进而对受众产生直接影响。大众媒介通过"表征范式"将城市空间变成一个个富有意义的符号,这些符号又使人们在脑海中形成对城市空间的想象。在大众媒介时代,人们除了亲身到达城市空间展开空间实践,大众媒介成为连接受众与城市空间的最重要的中介。因此,大众媒介在一定程度上享有塑造城市空间的"绝对权力"。

　　本节将围绕文本和影像两种具有代表性的大众媒介形态对人民广场的建构展开分析。其中,文本部分选取上海本地最受关注的市民报——《新民晚报》在2018—2020年对人民广场的报道作为分析对象;在影像部分,由于没有人民广场相关的纪录片,故本书选取《上海协奏曲》《上海,灵感之城》和《上海》三部均由上海市政府新闻办公室牵头制作的城市形象片作为分析对象。《上海协奏曲》《上海,灵感之城》和《上海》是2000年后具有代表性的上海城市形象片,通过在电视、网络等媒介和地铁、公交车等交通工具上的播放,在上海市民心中具有较高的知名度。

一、报纸:承载多元沟通的城市空间

　　作为历史最为悠久的大众媒介,报纸已经嵌入人们城市生活的肌理。大众媒介的新闻生产讲求客观性原则,新闻媒介试图呈现"真实"的城市空间。但实际上,在新闻生产的过程中,记者、编

辑不知不觉却又十分真切地进行了一场基于现实基础的"空间想象",这使报纸除了客观"反映",还有主动的"建构"[①]功能,因此,报纸对城市空间的报道天然地带有建构性的特征。

笔者以"人民广场"为关键词在新民网展开搜索,将选取经验材料的时间设定为2018—2020年,最后得到署名为《新民晚报》的新闻报道共101篇。笔者通过对这些报道展开分析发现,《新民晚报》主要通过文字描述和摄影图片来呈现人民广场,具体而言包括以下四个方面。

(一)作为城市中心和历史表征

作为城市中心的人民广场在多篇报道中都被提及,这些新闻报道用"市中心""上海零点""城市心脏""政治中心""休闲娱乐文化中心""海派文化的重要象征之一""来上海的必游之地"等词汇来描绘人民广场,体现了人民广场在地理、政治、文化、休闲娱乐等多个维度的重要意义。

同时,人民广场作为城市历史的表征得到了充分的呈现。例如,一篇题为《这不是海市蜃楼,人民广场是改革开放40年的时光隧道》的报道回顾了人民广场从跑马厅到当下的历史变革,指出人民广场发生了沧海桑田的变化,见证了改革开放四十年来的建设成就。该报道还将人民广场区域不同时期的新旧照片进行合成,从而形成一种时空交叠的视觉效果,实现了时空的碰撞和沟通。

(二)作为交通枢纽

正如前文提到的,交通枢纽的功能已经成为人民广场的一个核心功能,《新民晚报》的报道也印证了这一点。本书选取的报道

[①] 孙玮:《"发现上海"——〈申江服务导报〉都市空间生产分析》,载于《"传播与中国·复旦论坛"(2008):传播媒介与社会空间论文集》,2008年,第204页。

大多是关于发生在人民广场地铁站的社会新闻,包括对身体不适的乘客的救助、帮助乘客寻找遗失物件、帮助走失儿童寻找家人等。这些社会新闻从侧面反映出人民广场地铁站作为城市交通枢纽每天人来人往的繁忙景象。

人民广场的交通枢纽功能不仅体现在三条地铁轨道交汇,也体现在地面交通上的多条公交线路交汇。同时,一些与公共交通相关的创新措施也经常在人民广场站正式投入运营。例如,2020年12月的一篇新闻报道了上海公交第一台机器人在49路人民广场站投入运营,机器人可以与乘客互动,提供线路换乘、天气预报等便民信息。又如,2019年4月《新民晚报》上《庆祝上海解放70周年:上海的第一》专栏的一篇文章描述了1996年上海第一辆公交空调车投入运营的故事,这辆公交车就是往返于人民广场和共和新路临汾路的46路公交车。

(三)作为文化媒介

文化是当前人民广场的重要主题,大量新闻报道都围绕人民广场上的文化活动展开,呈现了多元文化在人民广场这一城市空间交汇和融合的场景。

例如,2018年11月的一篇新闻报道《今后,从人民广场中心点出发,过一条马路便能看一场戏!》点明了人民广场作为"演艺大世界"的文化定位。报道指出,活力中心所在的人民广场周边1.5平方千米区域内,正常运营的剧场及展演空间有21个,密度高达14个/平方千米,是全国规模最大、密度最高的剧场群。并且,人民广场剧场群"既传扬经典海派文化,延续同名建筑'大世界'百年历史、百戏纷呈的传统;又凸显区域演艺特质,构建各类剧场、剧团、剧种协同联动、融合发展的氛围;更展示未来发展雄心,努力成为演出资源最集中、演出规模最大、产业链最完整的世界级演艺集聚区之一"①。

此外,一些新闻报道还呈现了人民广场上的其他文化设施。例如,2018年5月,《新民晚报》刊登了一篇读者投稿——《我的人民广场"文博之旅"》。文章写道:"如果你只有一天时间去触摸上海的城市灵魂,我建议你去人民广场,去欣赏上博的中国古代艺术文物以理解上海的艺术品位,去历博探寻上海的古往今来以理解上海的人文品格,去城市规划馆浏览上海的规划蓝图以理解上海的城市胸襟。"②

除了上述这些专业的文化设施,在多篇新闻报道的建构下,人民广场地铁站也成为人民广场区域的一个重要的文化传播空间。相较于"高大上"的专业文化设施,地铁站的文化传播活动更加亲民、多元,嵌入了很多时尚元素。例如,2019年12月一篇题为《〈不止漂流·发现北极〉海洋环保装置展在人民广场地铁站亮相》的文章报道了人民广场地铁站展出的一只小黄鸭,这只小黄鸭是由从上海4 000个家庭回收的15 000个塑料空瓶制作而成,非常吸引人的眼球(图3-1)。又如,2019年7月的文章《"辽宁号"航母模型今起亮相人民广场地铁站》报道了为庆祝中国人民解放军海军成立70周年并迎接"中国航海日",中国第一艘航空母舰"辽宁号"的模型在人民广场地铁站展出的场景(图3-2)。

此外,人民广场地铁站常设的地铁音乐角也在多篇新闻报道中得到了呈现。例如,2019年4月的一篇新闻报道了地铁音乐

---

① 朱光:《今后,从人民广场中心点出发,过一条马路便能看一场戏!》,2018年11月1日,新民网,http://newsxmwb. xinmin. cn/wentihui/wtsh/2018/11/01/31448410. html,最后浏览时间: 2021年11月21日。
② 郑亚:《阅读者|我的人民广场"文博之旅"》,2018年5月29日,新民网,http://newsxmwb. xinmin. cn/yueduzhe/2018/05/29/31392006. html,最后浏览时间: 2021年11月21日。

图3-1 在人民广场地铁站中央站台展出的"小黄鸭"①

图3-2 "辽宁号"航空母舰模型在人民广场地铁站展出②

---

① 陈梦泽:《〈不止漂流·发现北极〉海洋环保装置展在人民广场地铁站亮相》,2019年12月13日,新民网,http://newsxmwb.xinmin.cn/xinminyx/2019/12/13/31622239.html,最后浏览日期:2021年11月21日。
② 曹刚:《"辽宁号"航母模型今起亮相人民广场地铁站》,2019年7月9日,新民网,http://newsxmwb.xinmin.cn/chengsh/2019/07/09/31555252.html,最后浏览日期:2021年11月21日。

角邀请上海大学音乐学院院长王勇主持的青年演奏家民乐演奏表演活动。另一篇题为《让快节奏的生活慢下脚步　在喧嚣的地铁站聆听古琴》的新闻则报道了在地铁音乐角举行的古琴演奏表演。琴声的古朴悠扬与地铁站中的喧嚣匆匆形成鲜明的对比,为人民广场地铁站增添了一丝艺术气息。

（四）作为市民休闲之地

市民广场是20世纪90年代改造人民广场时的核心定位,在《新民晚报》对人民广场的建构中,市民性主要体现在两个方面。

一方面是对人民广场的一些休闲设施和景观的呈现。这些新闻通过对人民广场的绿化改造、喷泉设计和四季景色等的报道,将人民广场建构成一个景色优美、适合市民休闲娱乐的城市空间。例如,2019年12月题为《这个季节,去人民广场赏红枫!》的摄影报道展现了初冬时节人民广场上的枫叶之美。2020年6月一篇题为《改造后的人民广场音乐喷泉重新炫彩》的报道展现了人民广场喷泉改造后重新开放的美景和市民驻足观看、用手机拍摄喷泉的场景。这些新闻报道通过对休闲景观的展现,将人民广场打造成一个与人们的日常生活相互勾连的城市空间,从而在这个过程中体现了人民广场在人们日常生活中的可沟通性。

另一方面,人民广场作为市民广场的特性在很多回忆性的新闻报道中得到了呈现,彰显出人民广场在市民生命记忆中的重要性。2019年,一篇题为《人民广场絮语》的文章回忆了新中国成立后人们在人民广场上的休闲生活。文章写道:

> 人民广场是学生捉迷藏、抓金虫、粘知了、翻筋斗的好地方,老人们在此打太极拳。年轻人凑成了"大道足球队",固定时间在这里踢球比赛。广场南边是新成木箱厂堆放的木板垛,小学生喜欢爬上爬下捉迷藏。某年酷暑,我也跟着弄堂里

小孩子铺张草席睡在人民广场,半夜,凉雨瓢泼,赶紧逃回家……1958年,广场上从各处收集来的废旧钢铁堆成山。1959年,在广场东南面有个布篷搭的杂技场演出了三年。另有蔡少华飞车走壁表演。暑假里,周围还有卖腌金花菜、凉茶、鸽子、小馄饨、蟋蟀、饴糖等的摊贩。从前老弄堂里熊孩子吵架,动不动就一句话:"勿要搞啦,阿拉两个人到大道(人民广场)里对开(对打)好伐?"人民广场西边威海路口一幢老洋房花园里也堆着木板,初夏,几棵老桑树结满紫红色的果子,同学们常常爬上去采果子,吃得满手发紫!①

上述文字生动地描绘了人民广场与上海市民日常生活的密切联系,并随着岁月的流逝成为市民难以忘怀的生命记忆。在这个过程中,人民广场呈现出它对于城市和市民的独一无二的意义,沟通在此得以产生。

由此可见,《新民晚报》建构的人民广场是一个承载着多元沟通的城市空间。这主要表现在两个方面:一方面,人民广场是上海在地理、政治、文化等多个维度的中心,对上海而言,具有很强的表征意义;另一方面,人民广场在市民的社会交往、文化生活、日常交通等多个维度都发挥了重要的沟通作用。

二、城市形象片:整体的缺席和文化设施的呈现

城市形象片是一座城市的名片,通过为受众提供直观、鲜明的城市感受,给观看者带来对该城市的深刻印象和向往②。城市中

---

① 杨忠明:《人民广场絮语》,2019年3月20日,新民网,http://newsxmwb.xinmin.cn/yedu/2019/03/20/31504260.html,最后浏览日期:2021年11月21日。
② 王冬冬:《论上海城市形象片的去奇观化叙事》,《新闻大学》2014年第1期,第70—75页。

的标志性建筑元素是城市形象片中不可或缺的部分,通过对城市中的建筑物、人等元素的呈现,城市形象片缔造了一个"虚拟的城市"①。由此可见,对城市空间的建构和形塑是城市形象片的重要内容。

通过对《上海协奏曲》《上海,灵感之城》和《上海》这三部城市形象片的内容进行分析,笔者发现,人民广场作为上海的重要地标,它的形象在三部形象片中严重缺位。其中,在《上海协奏曲》与《上海》这两部形象片中,没有任何与人民广场相关的影像元素出现;在《上海,灵感之城》中,仅有对人民广场上的上海博物馆和上海大剧院两个文化设施的呈现,它们作为上海文化表征的一部分先后出现在形象片中。如图3-3和图3-4所示,形象片采用仰拍的手法呈现了博物馆和大剧院的外形,并加上了不同的滤镜。从图片可以看出,博物馆整体显得庄重古朴,具有厚重的历史感和文化感;大剧院则特征鲜明,具有浓厚的艺术气息。在焦点小组访谈中,受访者较为一致地表示,形象片对于上述两个城市空间的塑

图3-3 城市形象片《上海,灵感之城》对上海博物馆的呈现

---

① 孙玮:《镜中上海:传播方式与城市》,《苏州大学学报》(哲学社会科学版)2014年第4期,第163—170页。

图3-4 城市形象片《上海,灵感之城》对上海大剧院的呈现

造体现出一种气势磅礴和现代化①的感觉。但是,形象片展现的空间十分有限,如果观众对上海博物馆和上海大剧院的地理位置不了解,便很难感知形象片中的城市空间与人民广场的关联。

一些文献使用的照片通常会以高空拍摄的方式对人民广场的建筑进行全景展示,但在这三部形象片中,均没有出现人民广场的空间全景,足以说明这是主创者对城市空间予以选择性呈现的结果。与人民广场的缺位形成鲜明对比的是,作为城市地标的南京路、豫园、外滩,无论是作为整体形象还是独立元素,它们都在这三部形象片中有较为丰富的呈现。由此可见,在上海这座城市的形象片中,人民广场并不是用以展现城市形象的核心叙事元素。

与此同时,位于人民广场的上海博物馆和上海大剧院作为文化空间在城市形象片中有所展现。这或许可以从两个方面进行解释:一方面,上海博物馆和上海大剧院作为城市空间,本身的建筑形象特征较为鲜明,具有特色,因此,从形象层面而言具有较强的表征性;另一方面,这两个建筑物及其功能在表征上海城市文化方面更加丰富、多元,文化意义更为明确。

---

① 源于焦点小组访谈。

三、文化沟通：作为叙事线索的官方规划

无论是报纸还是城市形象片，人民广场在文化沟通层面的意义都极为凸显，这也是两者在建构人民广场意象方面的共性。通过报纸建构的人民广场，其文化沟通体现在以环人民广场剧院群为代表的专业场所和以地铁站为代表的嵌入市民日常生活的、形式内容丰富多样且根据热点不断更新的各种传播装置；通过城市形象片建构的人民广场则以上海大剧院和上海博物馆这类在城市中具有重要意义的文化名片为主要体现。

大众媒介对人民广场在文化沟通层面的意义建构与官方在"十三五"规划中对人民广场区域的定位不谋而合，"十三五"规划将人民广场定位为上海"一轴双心、沿江沿河、一环多圈"文化空间格局中的两个核心枢纽之一[①]，是上海重要的文化沟通场所。通过分析大众媒介对人民广场形象的建构，不难看出，官方的规划也渗透于大众媒介对人民广场的呈现，从而确立了文化沟通在人民广场形象建构中的主导地位。这一现象也说明官方在大众媒介对人民广场形象的建构中起到了非常重要的作用，大众媒介建构城市空间形象的过程也是官方将自身对城市空间规划和定位不断向公众进行展示、予以沟通的过程。

第二节 无广场之广场：对大众媒介建构的再解释

在上一节的分析中，笔者发现，相较于报纸文字对人民广场形

---

① 章海燕：《聚焦上海城市文化新格局：一轴双心 沿江沿河 一环多圈》，2016 年 2 月 24 日，看看新闻网，http://www.kankanews.com/a/2016-02-24/0037391751.shtml，最后浏览日期：2021 年 11 月 21 日。

象建构的多元化,城市形象片中的人民广场形象缺位且单一。报纸建构的人民广场是一个集城市中心、交通枢纽、文化媒介和市民生活等多重沟通意义于一体的城市空间;城市形象片仅呈现了上海博物馆和上海大剧院这两个位于人民广场的文化建筑。影像层面对人民广场呈现的不足会直接影响人民广场在城市表征层面的可沟通性。那么,究竟是什么原因导致在文本层面内涵十分丰富的人民广场,在影像层面却难以作为城市表征空间而出现呢?

为了更好地解释这个问题,本节引入形象与文本这一组概念作为理论分析工具,同时引入上海另一个具有重要城市表征意义的空间——外滩,与人民广场展开形象与文本层面的对比,并进一步分析大众媒介对人民广场的建构情况及其成因。

一、形象与文本作为分析工具

形象与文本都是主体建构世界的重要符号,米歇尔将形象定义为假装不是符号的符号,伪装成自然的直觉和在场,词则是区别于形象的"他者",是人类意志的人为的任意的生产[1]。在米歇尔看来,形象和文本都是主体建构和生产的符号,具有很强的主观性。在谈及词与形象的关系时,米歇尔进一步认为,词与形象的关系在再现、意指和交流的领域内反映了人们在象征与世界、符号与其意义之间的关系[2],无论是形象还是文本均与主体的主观意志具有密切的联系。

虽然文本与形象都是主体主观意志的体现,但由于两者作为符号的表现形式不同,两者之间还是存在一定的差异。米歇尔认

---

[1] [美]W. J. T. 米歇尔:《图像学:形象、文本、意识形态》,陈永国译,北京大学出版社2012年版,第51页。
[2] 同上。

为,形象更偏向于"显示的表面内容或'物质'",而词更偏向用于阐释"潜在地隐藏在图像表面之下的意义"。因此,文本与形象呈现一种"阐释和再现互补性"[1],两者之间是"复杂的相互翻译、相互阐释、相互图解和相互修饰的关系"[2]。无独有偶,后现代理论家利奥塔也指出,"话语通常用作传递信息和含义的符号载体",图像偏重于"有形实质",最为理想的情况是"话语(文本)与图像的和谐共处、相互借鉴、相得益彰"[3]。

遵循上述逻辑,形象与文本在用以作为呈现城市空间的符号时,形象可能更偏向对空间外在的描绘,主要表现为对空间外在形象的建构;文本更偏向对空间象征意涵的阐释,主要表现为对空间内在意义的再生产。

二、城市形象片:"缺位的人民广场"与"喷涌的外滩"

外滩与人民广场类似,也是上海重要的城市地标。如前文所述,人民广场见证了上海的历史,很多西方舶来的事物是在人民广场这个空间落地的。外滩同样作为上海现代性的发生与成长之地,它的浦西段代表了上海开埠后的历史,黄浦江对面的浦东段则代表了改革开放之后飞速发展、日新月异的上海。

与人民广场形象呈现的缺位形成鲜明对比的是,外滩的形象在三部城市形象片中反复出现,成为片中最为突出、存在感最强的城市空间。如图3-5所示,形象片《上海,灵感之城》开头呈现了外滩万国建筑群的形象,一缕阳光洒在建筑群和黄浦江上,波光粼

---

[1] [美]W. J. T. 米歇尔:《图像学:形象、文本、意识形态》,陈永国译,北京大学出版社2012年版,第53页。
[2] 同上。
[3] 龙迪勇:《图像叙事与文字叙事——故事画中的图像与文本》,《江西社会科学》2008年第3期,第28—43页。

邻的江面与建筑交相辉映,随后出现的是黄浦江浦东沿岸的高楼大厦、俯拍的黄浦江两岸全景等外滩风貌。图3-6是形象片《上海》片头呈现的黄浦江和浦东沿岸由东方明珠、金茂大厦等众多标志性建筑构成的灯光绚烂的夜景。形象片的片头以线条勾勒出东方明珠,然后画面中逐渐出现陆家嘴和黄浦江的全景。图3-7是形象片《上海协奏曲》开头处呈现的外滩全景,可以看到黄浦江、东方明珠等城市标志的轮廓十分清晰。

图3-5 城市形象片《上海,灵感之城》片头对外滩万国建筑群和黄浦江的呈现

图3-6 城市形象片《上海》片头对黄浦江与外滩浦东部分的呈现

图 3-7　城市形象片《上海协奏曲》片头呈现的外滩

由此可见，三部城市形象片对外滩的频繁呈现与人民广场的缺位形成鲜明的对比。此外，在对外滩空间元素的选取上，体现上海改革开放之后快速发展的浦东陆家嘴与黄浦江的组合镜头呈现频率高于体现上海历史的浦西万国建筑群的呈现频率。黄浦江是上海的母亲河，历史上的上海一直是中国最为现代化的城市之一。在新时代，上海的城市精神被总结为"海纳百川、追求卓越、开明睿智、大气谦和"[①]。所以，在官方主流话语对外滩的建构中，强化以"发展"为主题的浦东，而非以"历史"为主题的浦西，符合官方对上海城市精神的理解和定位。

三、空间比较：均衡化的意涵表征

为了进一步探索外滩与人民广场对上海的表征意义，笔者采用访谈的方式，请受访者对这两个空间展开空间比较。空间比较指的是将人民广场与外滩作为两个符号，请受访者结合自身体验，

[①]《九届上海市委十六次全会决议》，2011 年 11 月 14 日，上海市地方志办公室网站，http://www.shtong.gov.cn/node2/node70344/userobject1ai117551.html，最后浏览时间：2021 年 11 月 21 日。

对这两个符号对于上海的表征意义进行比较。在访谈中,笔者要求受访者判断"外滩与人民广场,哪个更能代表上海"。研究表明,受访者对这一问题的回答呈现出一个较为均衡的结果,并没有像上海城市形象片那样,建构出"喷涌的外滩"和"缺位的人民广场",多数受访者对人民广场和外滩作为上海地标的意义表达了近乎同等的认同感。

受访者A-01(男,70岁,上海人)认为,人民广场对市民日常生活的嵌入更能体现上海的传统,它与普通人的生活也有更加密切的联系,外滩则更为现代化和景观化,所以,他认为人民广场更能代表上海。他说:

> 人民广场更加能代表上海。对于老上海来说,主要还是倾向人民广场。外滩主要是指陆家嘴、东方明珠,浦东看上去不全面,在外滩看更全面、更好。所以人家到了外滩,主要还是看对面的陆家嘴。外滩就是靠近黄浦江,没什么好看的,对面的夜景比较好。

另一名受访者B-01(男,27岁,上海人)从历史的角度出发,认为人民广场对上海历史的体现更充分。

> 外滩更能代表20世纪二三十年代的上海,而人民广场则浓缩了整个改革开放以来的上海的变迁,这个是不同阶段的上海。所以,我觉得从今天的上海来看,还是人民广场更能代表上海。

以上两位受访者虽然得出了相同的结论,但观察的角度却截然不同。

受访者 B-02(男,28 岁,上海人)认为,外滩和人民广场各有特点,两者从不同的角度表征了上海,但它们作为城市表征的重要性是同等的。

> 人民广场是地理上的中心,上海城市的中心;外滩是体现文化气质、精神层面的一个地方,海纳百川,又古老、又现代的一个地方。人民广场政治意义更多一些。都不一样,都很重要。

通过对比人民广场与外滩,笔者发现,在公众心中,两者都是重要的城市标志性空间,它们的差异更多是体现在个体对两个空间不同的理解,以及在此基础上形成的不同的话语文本。总体而言,作为文本的人民广场与外滩,它们对于上海的地标意义是较为均衡的。

四、"无广场之广场":整体地方特色的缺失

既然人民广场与外滩之于上海的表征意义较为均衡,为什么城市形象片对外滩的频繁呈现与人民广场的缺位会形成如此鲜明的对比呢?

回到形象层面展开分析,或许能获得答案。虽然人民广场在 20 世纪 90 年代经历了大改造,并且通过改造,它的整体形象有了较大的提升。但是,与外形典雅、风格鲜明、历史建筑成群的外滩浦西段和缤纷绚丽的外滩浦东段相比,人民广场本身较为碎片化的、通过拼贴各种建筑而形成的整体形象,表现力远不及外滩。因此,较之外滩,人民广场在形象层面的可沟通性较弱一些。而城市形象片主要围绕形象展开,正如米歇尔和利奥塔所说的,形象符号偏重于有形实质。因此,在与外滩展开对比之后,笔者发现,人民

广场的整体形象之所以在城市形象片中缺位，或许是因为它的形象不够鲜明、表现力较弱，而外滩充满表现力的空间形象为它带来了在形象层面更强的可沟通性。

由凯文·林奇提出的地方特色概念或许可以进一步阐释形象层面的可沟通性。他认为，地方特色使人能区别地方与地方的差异，能唤起人们对一个地方的记忆，这个地方可以是生动、独特的，至少是有特别之处、有自己的特点的①。此外，林奇还提出，人对于城市空间的感受和记忆与空间本身的特点具有密切的关系，即人们对空间的建构很大程度上源于空间本身的特色。

循着林奇的逻辑观察外滩可以发现，作为上海地标的外滩具有鲜明的标志性。正如一位受访者所说："一看到外滩，看到东方明珠，看到金茂大厦，就知道是上海。"这句话道出了外滩能够在众多城市形象片中反复出现的重要原因——它是一个具有鲜明地方特色的城市空间。外滩的地方特色不仅在于它对富有层次的历史的表现力，还在于它具有不可取代的独特性，容易被感知、辨识和牢记。

以同样的视角观察人民广场，可以发现改造后的人民广场也是一个由众多现代化建筑物构成的城市空间。然而，这些矗立在人民广场的建筑物，无论是上海博物馆、上海城市规划展示馆、上海大剧院、人民大厦还是人民公园，它们建筑形象的设计虽然经过了多番论证，但都缺乏如东方明珠、金茂大厦等建筑的高辨识度。此外，作为整体的人民广场建筑群也没有能呈现具有地方特色形态的建筑组合。受访者 A-11（男，71 岁，上海人）在访谈中直接指出了这一点：

---

① ［美］凯文·林奇：《城市形态》，林庆怡、陈朝晖、邓华译，华夏出版社 2001 年版，第 93 页。

第三章 多元建构：广场形象的塑造

> 你把人民广场的随便一个部分拍出来，人家也看不出是上海。除非就是像上海博物馆那样，挂了"上海博物馆"这几个字的牌子，否则没有特色的，拍出来照片也认不出来是人民广场。现在各地都建设得蛮好的，所以人民广场也没有什么特别的。

受访者 A-12（女，40岁，广东人）也提及地方特色，她认为人民广场只在一些细节上呈现出特色，但这样的特色显然并不够。

> 现在中国的建筑有很多"千城一面"的情况，比如从这边看过去，一点特色都没有。上海整个的建设朝着西式的方向发展，除了金茂大厦、东方明珠，其他的建筑都很难看出来是上海。国内的城市给我印象最深的是泉州，泉州的建筑非常有特色。不过，比如这里这个自行车停车栏（图3-8），设计了这样一个花架，也算是有特色，说明设计者也考虑到了这个问题。

图3-8 受访者 A-12 提及的非机动车停车点

所以,地方特色的缺失可能是人民广场在形象层面可沟通性不足的重要原因。改造后的人民广场不仅在建筑外形层面呈现出一种特色缺失的状态,它原本作为广场的基本特征也因为各种建筑物的填充而略显弱化,一定程度上影响了人们对人民广场整体性的感知。

在访谈中,笔者发现,不同的受访者对人民广场的空间概念截然不同,呈现出一种多元甚至是杂乱的状况。有受访者倾向于从文化角度认知人民广场,例如,受访者B-02(男,28岁,上海人)认为人民广场的空间主要指的是"人民大道、大剧院的那一块"。与之类似,受访者B-06(男,22岁,上海人)在访谈中说:"去人民广场么主要就是去博物馆和博物馆周边的地方,我从小到大都是这样的。"

也有受访者将政治建筑作为人民广场的核心,比如受访者A-09(男,68岁,上海人)认为,人民广场是"市政府大楼对面一块,这一块地方之所以出名是因为市政府大楼在这里"。

还有受访者从商业角度理解人民广场,"商业街"和"商业广场"是他们描述人民广场时的关键词。例如,受访者B-01(男,27岁,上海人)这样描述人民广场:

> 我讲的人民广场的概念是百联、世茂那边的商店旁边,就是南京路那边的。我心目中人民广场的核心是南京路和西藏路的交叉点。你会发现到人民广场时根本就不会去广场和公园,而是去新世界、来福士、市百一店。

也有一些受访者指出了当下的人民广场"没有广场"的现状。受访者A-05(男,72岁,上海人)说:

人民广场现在已经没有广场了,不存在广场这个概念了,整个广场都被建筑侵占了。博物馆放在那里,上海市的优秀文物,原来是上海市的零点公路标志在国际饭店,现在放在博物馆前面。为什么要有这个变化,这个是历史的影响、政治的影响,我不太能理解为什么要放在那里。现在的变化说不上好,也说不上不好。

受访者 B-04(男,22 岁,陕西人)说:

我觉得人民广场可能作为广场的意义没有了,没看到人民广场那边有很多人跳广场舞。说实话那边也没有非常大的广场什么的,能称之为广场的就是一个很小的地方。但是我觉得它应该就是一个历史符号,可能它的实际意义会越来越小。

受访者 B-09(女,23 岁,俄罗斯人)说:

人民广场对我来说不是广场,原因不是因为小。人民广场很大,是上海的中心,但真正的广场应该是一个像 square 的地方。

受访者 B-03(男,26 岁,上海人)说:

你要说广场肯定是人民大道旁边,政府大楼和博物馆之间的那块地方。这个是狭义的,其他地方又没有广场。广义上来福士广场什么的都可以说是人民广场,狭义的广场那边肯定也只有这个了。但是如果我跟你说我们人民广场见,那肯定说的不是那个狭义的广场了,有可能是来福士广场,也有可能是别的地方。

正如前文提到的,20世纪90年代改造后的人民广场虽然保持了"人民广场"这个名称,却不再具有传统意义上的广场空间了,所以,新的人民广场实则是"无广场之广场",它最本质的特色是处于缺失状态的,这也在形象层面影响了这一空间的可沟通性。

第三节 新媒介建构:个体的"可见"

大众媒介时代,个体在与城市空间互动的过程中产生的丰富且多元的意象无法在公共领域获得"可见性"。因此,在对城市空间形象的塑造中,大众媒体掌握着绝对的主导权。

以互联网为代表的新媒介技术的迅速发展不仅渗透于个体的日常生活,还使个体在公共领域获得了"可见性"。在城市空间形象塑造层面表现为,个体获得了参与城市空间形象建构的机会。由此,原有的官方和资本对城市形象话语的垄断被打破[①],城市空间形象呈现出一种以个体参与、多元叙事为核心的丰富样态。

一、新媒介时代个体对人民广场的建构

新媒介技术对人民广场空间形象的建构主要表现在三个方面,即文本建构、视频建构和LBS建构。

---

① 杜丹:《镜像苏州:市民参与和话语重构——对UGC视频和网友评论的文本分析》,《新闻与传播研究》2016年第8期,第88—108、128页。

(一) 新媒介文本对人民广场的建构

大众点评 App 是一款通过集结海量用户的真实体验为受众提供更精准的生活服务信息的应用,它在创建之初实际上是一个围绕美食的网站。在当前,大众点评的"点评"已经涉及城市生活的各个维度。移动互联与个体参与两大元素的融合,使这个 App 在城市空间形象的建构过程中显示出特殊的意义。

本节对截至 2021 年 10 月大众点评上关于"人民广场"条目的共 3 823 条评论进行词频分析。根据词频(图 3 - 9、图 3 - 10),大众点评的用户对人民广场的"建构"主要集中在以下五个部分。

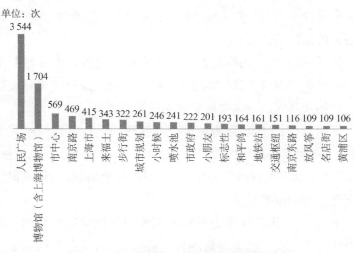

图 3-9　大众点评"人民广场"词条词频分析

第一,对人民广场作为城市标志性空间的建构,"市中心"一词出现了 569 次,排在所有词的第三位,"标志性"一词出现了 193 次。

第二,对人民广场作为城市文化空间的建构。其中,博物馆是

图 3-10　大众点评"人民广场"词条词云图

人民广场最引人关注的文化空间,相关词汇共出现 1 704 次,排在所有词的第二位。

第三,对人民广场作为城市商业中心的建构,"南京路""来福士""步行街""南京东路""名店街"等词汇的频繁出现充分表现出人民广场及其周边地区在商业方面的繁荣景象。

第四,对人民广场作为城市交通枢纽的建构,"地铁站""交通枢纽"等都属于出现频次较高的词。此外,"四通八达""坐地铁""2 号线""1 号线""地铁线""公交车"等词也频繁出现,可见人民广场在交通方面的重要意义。

第五,对人民广场作为城市中重要的休闲空间的建构。这个层面体现了人民广场上丰富的休闲活动,比如具有景观观赏功能的"喷水池"受到人们的追捧,在人民广场上喂鸽子也被很多人提及。人民广场还是市民举家前往、享受天伦之乐的城市空间,"小朋友"一词被提及 201 次。另外,人民广场还承载着人们丰富的童年记忆,"小时候"一词被提及 246 次。

除了上述五个方面,事实上,对 3 000 多条点评进行精读后可以发现,这些评论角度各异,并不是上述五个方面就能简单覆盖的。不同于传统媒体对人民广场在内容、维度等方面的集中报道,新媒体对人民广场的建构呈现出高度的多元化和个性化。不同的个体结合自身的生命经验、情感和空间体验对人民广场这一城市空间展开了个性化的建构。例如,网友"美田熹事"用"闹市绿洲"来形容人民广场。他写道:

> 城市中心的大型广场,交通便利。晚上到这里来,会特别漂亮,因为灯光效果特别好。
> 白天看到的是高楼大厦、钢筋丛林中的闹市绿洲。在这里的人群是随意休息一下的比较多,整体氛围安静。
> 其实在上海市内的公园都比较清静,这是极其值得赞赏的城市风格。

上述文字还配有他自己拍摄的四张人民广场的照片,照片中的人民广场客流稀少,绿树蓝天确实给人带来一种静谧之感。

又如,网友"勤劳的小蜜蜂 yoyo"对人民广场的历史展开了描述。他写道:

> (人民广场)位于上海市黄浦区,是文化、旅游中心和交通枢纽,标志性建筑之一,成形于上海开埠以后,原称上海跑马厅,是当时上层社会举行赛马等活动的场所。
> 广义的人民广场主要是由一个开放式的广场、人民公园及其周边组成。旅游旺季一般我也不会去。住的远,去一次看人山人海,不如工作日早晨或者春节之前来,反而有原汁原味。

在文字的基础上,他还搭配了一些历史建筑的照片,以体现人民广场的历史感。

网友"五苓莲子"对人民广场的评论则融入了他对这一空间的记忆和情感。

> 上海的中心,正宗的。
>
> 各个角度都很漂亮的,特别是对老上海人而言。儿时的记忆中,永远抹不去的画面,时时会浮现在眼前。
>
> 最要赞扬的是:广场上有成群的鸽子在自由飞翔,大人、小孩停留在鸽子前,欢声笑语一串串。祝福世界和平,祖国昌盛。
>
> 非常棒的画面,值得一行。

通过这些个体根据自己的生命经验和空间实践分享的文字和照片,上海的城市过往、城市景观和城市特质等得到了充分的彰显。这直观地反映了新媒介时代,技术赋予了个体以个人化的视角呈现城市经验、展示城市空间形象的机会[1]。

(二) 新媒介视频对人民广场的建构

新媒介视频对人民广场的呈现更加丰富。B站是立足于青年群体、主打原创内容的视频网站,笔者以"上海人民广场"为关键词在B站展开搜索,并对相关的视频进行了内容分析。总体而言,B站视频对人民广场形象的呈现主要分为四种类型。

1. 城市地标

人民广场作为城市地标的意义,在众多视频中得到了充分的

---

[1] 高琨、汪芳:《城市中历史空间与现实场景的对话——以北京城为例》,《华中建筑》2012年第10期,第18—22页。

体现。具体而言,不同视频对人民广场地标意义的呈现和阐释又有所不同。其中,有些视频从交通、地理维度强调了人民广场的中心意义。例如,有博主拍摄了他在骑行穿越 318 国道前,特地前往人民广场 318 国道起点标志处(图 3-11)留念的视频;还有一些房地产中介发布的视频,以"距人民广场××千米"为标签,突出房地产的地理位置;也有些视频从城市的代表性和表征性层面来呈现作为市中心的人民广场。例如,有视频将人民广场作为上海在国家哀悼日、疫情期间、国庆期间、中国共产党建党 100 周年等特殊时间节点的面貌的一个缩影进行呈现;有视频将上海人民广场与香港中环地铁站、重庆北城天街进行对比;有视频将人民广场与纽约时代广场进行对比;有视频从历史维度出发,通过呈现不同历史时期的人民广场的发展变化展示上海整体的发展面貌,相关视频呈现了 1998 年、2003 年等年份的人民广场,引发了网友在弹幕中的深情回忆。

图 3-11 位于人民广场的 318 国道起点标志[①]

[①] 《上海人民广场寻找 318 国道 0 公里处》,2019 年 11 月 14 日,bilibili,https://www.bilibili.com/video/BV1QJ411S7uW?from=search&seid=1780367528170423877&spm_id_from=333.337.0.0,最后浏览日期:2021 年 11 月 21 日。

2. 流行文化汇聚地

大量网络视频展现了汇聚在人民广场的高达、乐高、汉服、JK制服①、洛丽塔②等多种年轻人喜爱的流行文化,塑造了人民广场作为年轻人喜爱的潮流聚集之地的形象。例如,有视频展现了在人民广场地下的香港名店街和迪美购物中心的盲盒店、抓娃娃店、汉服店、洛丽塔制服店等年轻人喜爱的潮流产业的蓬勃景象,人民广场被勾勒成一个潮流之地。

3. 相亲角

相亲角的热闹景象也是大量视频的焦点。当下,相亲角成了上海人民广场的重要标志。在访谈中,笔者发现,一提起人民广场,不少受访者立刻就会联想起相亲角。因此,相亲角实际上已经成为一个可以表征人民广场的重要符号。在众多网友拍摄的以人民广场相亲角为主题的视频中,相亲角被视作一个可以用来"打卡"的景点。例如,有视频将相亲角称为"特殊风景线",有视频将之称为"魔都相亲圣地"。还有一些视频展示了网友实地探访相亲角的经历,内容聚焦相亲角中人们的各种择偶要求和择偶现象等。这些视频既呈现了相亲角的热闹景象,也展现出浓郁的地方文化。

4. 市民广场

还有视频从不同角度展示了人民广场作为市民休闲广场的形象。其中,人民广场的夜景、音乐喷泉、草坪上的鸽子等景象成为多个视频关注的焦点内容。尤其是人民广场上的鸽子(图 3 - 12),成了 B 站众多视频的主角,有网友拍摄了鸽子飞舞时的壮观场面,也有网友展示了喂鸽子的"正确姿势",还有网友抓拍了鸽子互相

---

① JK 为日本流行语,意为女子高中生。JK 制服即指女高中生的制服。
② 此处的洛丽塔指一种服饰类型,主要风格为甜美、古典等。

争食的画面。这些视频都体现了人民广场作为市民广场景色优美、氛围休闲的特质。

图 3-12　网友拍摄的人民广场上的白鸽①

综上所述,新媒介影像对人民广场的呈现主要有两个方面的特征。一方面,人民广场的形象多元,不同个体拍摄的影像展现出人民广场截然不同的形象。例如,与二次元文化相关的影像内容使人民广场呈现出一种潮流、时髦的空间特质;白鸽、音乐喷泉则赋予人民广场一种传统的市民广场的形象,两者形成了强烈的反差。另一方面,新媒介影像建构的人民广场更具视觉性。这主要表现为一些视觉传播效果较好的内容,如二次元文化、熙熙攘攘的相亲角、成群的白鸽等得到了更多的呈现,成为人民广场在新媒介影像传播中的重要符号。

---

① 《上海人民广场,这里不仅是市中心的休闲圣地,还有一群鸽子在等你!》,2019 年 8 月 2 日,bilibili,https://www.bilibili.com/video/BV1tt411F72y?from=search&seid=6168055054376016178&spm_id_from=333.337.0.0,最后浏览日期:2021 年 11 月 21 日。

(三) LBS 技术对人民广场的建构

LBS 技术是一种基于位置的技术服务方式,广泛运用于手机 App 中。LBS 技术使个体的空间实践和个体对空间形象建构的同时、同地发生成为可能。因此,LBS 技术催生了一种城市空间形象建构的新场景,即个体穿梭于虚实空间,将空间实践与媒介实践融为一体,在这个虚实互嵌的空间中,创造具有独创性的个性化城市空间形象。

街旁是一款红火一时的空间打卡类 App。人们在城市中游走时,可以通过街旁进行签到,还可以分享文字、照片或自己的位置。在签到和分享的过程中,参观者可以使用这一地点的默认名称,也可以为这一地点进行个性化命名。这款参与性极强的 App 受到很多年轻人的青睐。例如,受访者 B-07(女,25 岁,浙江人)在访谈中说:

> 我记得以前还玩一个叫街旁的应用软件,当时到人民广场以后,我就会用手机在街旁签到,然后可以分享到人人、微博、微信朋友圈等各个社交网站,这样我在各个社交网站上的朋友就都可以看到了。还可以自己设置这个地方的名称,我当时设置了"我的人民广场"。

在这个过程中,依托 LBS 技术,个体通过自己的空间实践和媒介实践,将创造力和想象力融入城市空间形象的建构之中,生产出一个独一无二的原创性城市空间形象,使游览城市的趣味在这个过程中变得更加浓厚。

使用街旁 App 建构人民广场空间形象的过程展现出个体经验、空间实践与城市空间形象建构间的密切关联。在街旁签到这一行为的发生必然伴随着个体身体的在场及正在进行的空间实践,也就是说媒介、个体与地理空间在建构城市空间形象的过程中是共在的。与此同时,人们在这个过程中对空间的自主命名融入了个体的个性化创造,这种创造是与个体的空间体验密切相关的。在此,个体构建的城市空间形象是个体的空间实践、媒介实践以及个体体验的一种融汇;个体将签到分享到微博、微信等社交媒体的过程,实际上也是一次对自我构建的城市形象的传播。

二、新媒介建构与城市空间可沟通性

综上所述,新媒介技术使个体能够广泛参与对人民广场的空间形象建构,人民广场的形象因此展现出前所未有的多元性和丰富性。正如人们常说的,"一千个人的心目中有一千个哈姆雷特",人们对于人民广场的形象建构也是如此,即"一千个人的心目中有一千个人民广场"。当然,需要说明的是,传统媒介对广场形象的建构实际上也渗透于新媒介时代个体对广场形象的建构。这表现为大众媒介与新媒介建构的人民广场形象存在一定的重合之处,如对人民广场作为城市中心、市民休闲空间、重要交通枢纽等形象的建构,无论是官方主导的大众媒介,还是个体参与程度较高的新媒介,均对之有所呈现。

新媒介技术建构人民广场空间形象的过程包含丰富的个体空间实践,极大地推动了个体与个体、个体与城市空间的互动和沟通,赋予了城市空间以更为丰富的可沟通性,主要表现在以下两个方面。

其一,个体在城市空间实践过程中产生的空间体验、空间情感和空间记忆等通过新媒介技术得以表达,使个体参与城市空间形象的建构,与城市空间产生了更为密切的互动。

其二,个体对城市空间形象建构的参与使城市空间形象呈现出更加多元化的样态。同时,个体建构的城市空间形象借助新媒介技术得以流动，影响了其他人对城市空间的认知。在过去，普通公众对城市空间形象的认知往往来源于人际传播与大众媒介，渠道较为有限，获知的城市空间形象也较为单一；新媒介技术的出现使多元个体建构的城市空间形象也能在公众视野中流动，并进一步形塑了公众的空间实践，继而生产出更为丰富的空间形象。

第四节　大众文化对人民广场的建构

　　大众文化也是建构城市空间形象的一种重要方式。作为上海的地标性建筑，人民广场、外滩、豫园等常常出现在以上海为主题的大众文化创作中。在围绕上海创作的小说、电影、电视剧、歌曲等大众文化表现形式中，都出现过人民广场的身影。其中，由歌手阿肆创作于2010年的《我在人民广场吃炸鸡》是近年来颇具影响力的一首围绕人民广场展开的流行歌曲。随着许明明、赵大格等歌手对这首歌曲的翻唱，《我在人民广场吃炸鸡》将人民广场与炸鸡勾连，建构出一个独特的广场形象。

　　在笔者分析大众点评上关于人民广场的点评时，《我在人民广场吃炸鸡》这首歌曲在评论中以较高的频率被提及。同时，不少评论者都将这首歌曲与对人民广场的空间体验和空间实践结合在一起。可见，歌曲对人民广场的空间形象具有显著的形塑和建构意义。

　　本节将对《我在人民广场吃炸鸡》这首歌曲是如何建构广场形象、建构了何种广场形象以及歌曲对人们的广场实践产生了怎样的影响展开分析，探索大众文化对城市空间可沟通性的影响。

一、作为关键词的"大众文化"

　　大众文化是人们日常生活中最为普遍的文化形式。一直以来,关于大众文化的争论持续不断。在一段时间内,"大众"一直被认为是"乌合之众"[①],与大众相关的大众文化也因此被精英阶层认为是低等文化[②],难登大雅之堂;相反,精英阶层的文化则被视作高雅文化。威廉斯对这种根据阶层区分文化优劣的思维方式进行了批判,他认为,文化在本质上是"对一种特殊的生活方式的描述"[③],对文化的区分不应从知识和想象的作品出发,而应着眼于资产阶级与工人阶级整体的生活方式间的区分[④]。因此,特定的大众文化现象实际上对应的应该是特定的社会群体的生活方式。威廉斯肯定了大众文化的意义,并从历史的维度切入,认为工人阶级文化是社会性的,是"一种非常出色的创造性成就"[⑤]。他还进一步指出,大众文化是普通人在与日常生活的文本与实践的互动中获取的活的经验[⑥]。

随后,大众文化开始与商业主义勾连。法兰克福学派代表人物马克斯·霍克海默和西奥多·阿道尔诺(也译作西奥多·阿多诺)提出了"文化工业"的概念,认为在标准化和平均化的大众文化生产机制下,所有的大众文化都是一致的[⑦],个性成为一种幻象,

---

[①] [英]雷蒙德·威廉斯:《文化与社会》,吴松江、张文定译,北京大学出版社1991年版,第376—377页。
[②] [英]约翰·斯道雷:《文化理论与大众文化导论》(第五版),常江译,北京大学出版社2010年版,第7页。
[③] [英]雷蒙·威廉斯:《文化分析》,载于罗钢、刘象愚:《文化研究读本》,中国社会科学出版社2000年版,第125—137页。
[④] [英]雷蒙德·威廉斯:《文化与社会》,吴松江、张文定译,北京大学出版社1991年版,第403页。
[⑤] 同上书,第405—406页。
[⑥] [英]约翰·斯道雷:《文化理论与大众文化导论》(第五版),常江译,北京大学出版社2010年版,第58页。
[⑦] [德]马克斯·霍克海默、西奥多·阿道尔诺:《启蒙辩证法——哲学断片》,渠敬东、曹卫东译,上海人民出版社2006年版,第108、121页。

流行文化因其具有普遍性而被定义为一种"虚假的个性"①。本雅明提出了艺术的"光韵",并指出"存有"在"机械复制时代"的大众文化意味着"光韵的衰竭"②。所以,在法兰克福学派的眼中,资本主义工业生产导致大众文化的商品化与标准化,为大众文化贴上了厚重的商品标签。但是,也有学者对大众文化持乐观的态度。比如,约翰·费斯克就旗帜鲜明地指出,大众文化不是消费,而是文化——是在社会体制内部创造并流通意义与快感的积极过程③。

本节结合上述学者对大众文化的探讨,认为大众文化源于大众日常生活实践,且其商品化的过程并不妨碍它作为大众基于个体日常生活经验创造意义的一种方式,因此,大众文化对于日常生活具有重要的建构意义。当前,城市空间作为市民日常生活的重要组成部分,承载着大量的日常生活实践。在这个过程中,围绕城市空间产生了大量的文化产品,这些文化产品也反过来建构和形塑着城市空间形象,进一步影响了人们在城市空间的空间实践。

二、"人民广场"与"炸鸡":建构空间想象

流行歌曲是大众文化的重要组成部分,具有很强的建构性。赵民在对流行歌曲的研究中指出,流行歌曲通过歌词、歌曲类型、曲式以及对歌曲的个别联想四种方式来生产意义④。其中,联想

---

① [德]马克斯·霍克海默、西奥多·阿道尔诺:《启蒙辩证法——哲学断片》,渠敬东、曹卫东译,上海人民出版社 2006 年版,第 140 页。
② [德]瓦尔特·本雅明:《机械复制时代的艺术作品》,王才勇译,中国城市出版社 2002 年版,第 13 页。
③ [美]约翰·费斯克:《理解大众文化》,王晓珏、宋伟杰译,中央编译出版社 2001 年版,第 28 页。
④ 赵民:《歌唱背后的"歌唱"——当代"两岸三地"中文流行歌曲简史与意义解读》,复旦大学 2008 年新闻学专业博士学位论文,第 146 页。

是流行歌曲意义生产过程中最为重要的方式。例如,歌曲《龙的传人》通过提供对前现代文化地理的中国想象、怀旧和渴望,成为一种特定的文化象征资源,实现了对中国的文化认同和民族认同。这为本节分析《我在人民广场吃炸鸡》对人民广场的空间形象建构提供了重要的启示。

《我在人民广场吃炸鸡》的歌词如下:

> 最近你变得很冷漠
> 让我有些不知所措
> 其实我没期待太多
> 你能像从前般爱我
> 只是连约会你都逃脱
> 什么解释都不说
> 不是我不知道
> 爱情需要煎熬
> 不是我没祈祷
> 你只是……迟到
> 我在人民广场吃着炸鸡
> 而此时此刻你在哪里
> 虽然或许你在声东击西
> 但疲倦已让我懒得怀疑
> 我在人民广场吃着炸鸡
> 而此时此刻你在哪里

歌曲由演唱者阿肆本人作词和作曲。在一篇新闻报道中,她介绍了歌曲的创作缘由,并直接说明,标题中的人民广场指的就是上海人民广场。

> 《我在人民广场吃炸鸡》其实是一首关于等待的歌,等待一个人的滋味是极其焦虑的,尤其是当你心里明明没底的时候……于是买上一大块炸鸡,吃得满嘴油,故作潇洒,把整个人民广场走一遍。这就是当时写这首歌的心境。①

虽然《我在人民广场吃炸鸡》这首歌曲的创作源自歌手阿肆在人民广场展开"空间漫游"的体验,但歌曲并没有详细地描述她漫游人民广场的过程,对人民广场的地理位置和空间布局也没有展开详细的描述,仅简单地以一句"我在人民广场吃着炸鸡"点明了歌者身处的地理位置和展开的空间实践。这种留白的方式与歌曲的名字、歌词及其构筑的意象,众多元素结合在一起,引发了大众对人民广场这一城市空间的丰富想象,在这个过程中体现出人民广场形象的多元性。

(一)亲切的生活化空间

首先,《我在人民广场吃炸鸡》将人民广场与炸鸡这种小吃联系起来,两者的奇妙关联成为整首歌曲最特别、最具记忆点的部分。这种奇妙的关联也成为推动歌曲传播和走红的重要因素。在这个过程中,人民广场与炸鸡的联系也赋予大众观察人民广场这一空间的新视角,人民广场被建构成一个亲切的、充满市井气息的生活空间。

受访者 B-04(男,22 岁,陕西人)表示,这首歌曲使他觉得人民广场是上海最具有生活气息的空间。

---

① 转引自郭艳东:《〈我在人民广场吃炸鸡〉走红 引长春网友神造句》,2013 年 7 月 17 日,民主与法制网,http://www.mzyfz.com/cms/benzhousheping/shepingzhongxin/benzhouhuati/html/1237/2013-07-17/content-811275.html,最后浏览日期:2021 年 11 月 21 日。

听到这首歌以后,我会觉得人民广场是一个很平民化的地方。吃炸鸡相对来说是比较平民一点的活动,我听了歌之后突然感觉到,在人民广场吃炸鸡还真的是比较适合。我觉得这非常生活化,这首歌让我觉得在人民广场吃炸鸡是符合现实的。但是在静安寺吃炸鸡就不合适,在外滩、陆家嘴吃炸鸡也不适合。陆家嘴太"高大上"了,是一个吃精致西餐的地方,所以,人民广场可能是上海最具有市井气的地方……它能代表上海最真实的一面。

受访者 B-08(男,30 岁,河南人)认为,这首歌曲让他联想到的是人民广场的亲民气质。

陆家嘴给我的印象是高端金融区,那边的人群应该"高端"一点。人民广场虽说也是市中心,也有各种餐厅,但相对来说是比较亲民的。这首歌说在人民广场吃炸鸡,我一开始会觉得意外,但后来想想其实还蛮贴合实际的。

受访者 C-10(男,21 岁,上海人)表示,这首歌曲让他首先联想到的就是位于人民广场地下的小吃街和街上的上海特色小吃。这些特色小吃让他觉得人民广场是一个既有亲切感又充满烟火气的城市空间。

我会想到人民广场地下那个全是小吃的地方,来福士广场和美食街,想知道她吃的是哪一家的炸鸡。我还会想到上海其他的小吃,在人民广场也都能买到。人民广场就是一个方便人们走走看看且很有烟火气的地方,可以一边走一边吃东西。

(二) 轻松写意的文艺空间

《我在人民广场吃炸鸡》作为一首民谣，具有很强的文艺感，加上歌曲轻松写意的旋律，激发了人们对人民广场充满文艺、浪漫色彩的空间想象。

受访者 C-13(女,19 岁,甘肃人)在访谈中表示：

> 听了这首歌之后，我就觉得，人民广场跟以前不一样了。以前觉得是比较正统的一个地方，市政府所在地嘛。现在就觉得，这个地方变成了文艺青年必到的"打卡"之地。

受访者 C-12(女,20 岁,天津人)在访谈中表示,歌曲的曲风随意、轻快，正如人民广场这一空间带给她的感觉。

> 这首歌随意、轻快，我觉得与人民广场感觉挺搭的，在上海很少有像人民广场一样随意、轻快的地方。

(三) 情感化的都市空间

此外，歌曲本身创造的独自等待的孤独意境和对爱情的渴望激发了人们对自身情感的思考，并将个性化的情感体验融入对人民广场的空间想象。

有受访者与歌手产生了极强的共鸣，认为人民广场的拥挤和人来人往正好反衬出一个人的孤独感。这种孤独感实际上也是众多都市人在内心深处共有的情感体验。受访者 C-20(女,22 岁,贵州人)表示,听到这首歌时,她的脑海中出现了人民广场上人来人往的画面。

> 我在人民广场从来没有吃过炸鸡，听到这首歌以后，我脑

中立刻就浮现出人民广场很多人的样子。我在这里,你们在那里,有一种身处茫茫人海,相当渺小的感觉。

受访者C-14(男,21岁,河北人)表达了类似的感觉,他认为这种拥挤感更能凸显一个人的伤感。

> 人民广场是一个人多而且很热闹的地方。就是因为人很多,反而更加衬托出一个人内心的伤感和孤独。

大众点评的一位匿名用户在通过这首歌曲建构的人民广场意象中融入了自己对爱情的浪漫想象,将人民广场建构成一个充满浪漫气息的都市空间。

> 想和你一起去浪漫的人民广场,牵着你的手,我嘚瑟地走在广场上,我不在乎任何人的眼光,因为你的眼里只有我。让你陪我逛人民广场,一起吃着炸鸡、喝着饮料,一天美好的时间就这么快乐地度过。尽管这条路上人很多,但不影响我们一起漫步的节奏。
> 幸福,就是与你一起走下去。浪漫,就是与你共同穿越人海去看我们想看的风景。

总体而言,《我在人民广场吃炸鸡》主要通过歌名、歌词和旋律等,激发了大众对人民广场的空间想象,实现了对空间形象的再生产。此外,由于个体对歌曲的理解和对人民广场的空间体验各不相同,通过歌曲建构的人民广场空间形象因此呈现出多元化特征。这场空间想象从人民广场这个地理空间出发,又穿越了这一空间。在这个过程中,虚拟的想象及实际的空间体验与个体的生命体验形成一种虚实互嵌的状态,共同形塑了人民广场的空间形象。

三、从线上到线下:引发空间实践

除了引发大众对人民广场这一空间展开多元想象,重塑人民广场的空间形象,《我在人民广场吃炸鸡》这首歌还激发了大众对人民广场这一实体空间的兴趣,推动了人们对人民广场的空间实践。在这个过程中,歌曲引发的想象空间和个体通过实地实践感知的真实空间不断碰撞,从而形成了丰富、有趣的人民广场空间形象。

总体而言,围绕《我在人民广场吃炸鸡》展开的个体空间实践主要可以分为三种类型。

(一)"打卡"炸鸡店

"炸鸡"是由歌曲引发的人们在人民广场展开空间实践的一个重要关键词。在歌曲走红后,很多人都希望通过"在人民广场吃炸鸡"来加深对歌曲的体验。

在访谈中,有受访者表示,在听到《我在人民广场吃炸鸡》这首歌时,会想"她吃的是哪家炸鸡""人民广场哪里有炸鸡"[①]。还有受访者说:"听了这首歌之后,我经过那里总会留意一下那里的炸鸡在哪里。"[②]

大众点评上围绕人民广场的点评也体现出很多人都有类似的心情和体验。例如,用户"许"说:

> 因为《我在人民广场吃炸鸡》来到了这里,由于下着小雨,就随便找了一个炸鸡店吃饭。

---

① 源自焦点小组访谈。
② 同上。

总体体验感还是非常不错的,炸鸡也超级好吃!

(二)"打卡"人民广场

《我在人民广场吃炸鸡》在全国的走红使人民广场从一个传统的城市市民广场成了"网红"景点。因此,出现了一批慕名而来,渴望参观人民广场的游客。

受访者 C-17(女,22 岁,安徽人)表示,她在读高中时就听过《我在人民广场吃炸鸡》这首歌曲,所以她第一次来上海时,因为时间有限,她放弃了前往陆家嘴游玩,而是选择看看在歌曲中出现的人民广场到底是什么样子。

> 当时我和妈妈只有半天的时间,但是我就想去看看人民广场,所以我们放弃了去陆家嘴。等到了人民广场,我发现跟我想象中的还是不一样。我想象中的人民广场应该是一个特别"小资"的,两边都是咖啡厅的地方。

大众点评网网友"蜻蜓"在点评中写道:

> 因为一首歌
> 而去一个地方
> 我在人民广场上吃炸鸡～
> 因为这首歌,dy 就非常执着于逛人民广场,找了半天,终于找到了人民广场。跟想象的不一样啊哈哈哈哈,就很多鸽子,很普通,也没有看见炸鸡店,略微有点失望。

(三)发现新大陆

如前所述,因听到歌曲而前来人民广场"打卡"的人往往会发现实地探访到的人民广场与他们根据歌曲想象的人民广场截然不同。有的人会因为想象与现实的差距而感到失望,但也有人在空间实践中发现与人民广场展开空间互动的新方式。

例如,大众点评用户"LL"在人民广场体验了喂鸽子,并且通过参观感受到了人民广场的多重意蕴。他说:

> 《我在人民广场吃炸鸡》,描述的就是这个人民广场吧。我们在人民广场喂鸽子!白鸽衬着绿油油的草坪,很美!
>
> 好多小朋友与鸽子亲密接触,手里自带各种干粮,以玉米粒居多。
>
> 上海博物馆位于中心位置,有非常值得参观的大展,但是因为没有提前预约错失良机,遗憾了!
>
> 人民广场的相亲角没有看到呀,对面还有一个人民公园。路边红色电话亭也很有年代感。

网友"晨跑的瘦子"听到歌曲后选择前往人民广场进行实地"打卡",在这一过程中,他感受到了上海这座城市的美好,进而产生了对上海的情感。他说:

> 赶上不下雨的上海还是不容易了,没雨的天气就是好。这时候的上海好凉爽,来到上海必"打卡"的中心位置,耳边不由自主地响起了《我在人民广场吃炸鸡》这首歌。很休闲、很舒服,坐在木椅上享受着午后的阳光,我喜欢上了这个城市!

网友"M颖M"还发现了人民广场地下街中的二次元文化。

> 《我在人民广场吃炸鸡》这首歌是我对人民广场的第一印

象,以至于我到上海工作后一直想来看看,感受一下人民广场的魅力。广场上的鸽子是一大特点,其次的感受是大。因为我是冬天去的,走在路上冷风嗖嗖地吹,偶然发现了地下有一条商业街,是挺适合年轻人逛的二次元风格。

由此可见,通过对人民广场的空间实践,人们不仅对由歌曲引发的有关人民广场的空间想象予以实体空间层面的实践,还通过实践进一步丰富、充实和调整了自身对人民广场的空间想象。在这个过程中,人与城市空间产生了更为深入的沟通。

四、城市可沟通性建设的大众文化路径探讨

综上所述,歌曲《我在人民广场吃炸鸡》在激发大众空间想象和引发大众空间实践这两个层面都发挥了重要作用。同时,在歌曲、城市空间与个体的空间想象及空间实践等多重要素交汇的过程中,建构了一个夹杂着个体情感体验、饮食文化、市井气息、流行文化等多重元素的人民广场形象,为人们提供了一个感知人民广场、观视人民广场的新维度。人民广场从原本的具有浓厚主流文化色彩的"城市中心""市民广场"变成了一个亲民、诙谐的城市空间,从而建立起与大众尤其是年轻人群体的可沟通性。

常江在对流行歌曲与中国形象的跨文化认知研究中提出,流行歌曲提供了一种中国形象和中国文化跨文化传播的流行文化路径,具有中国文化元素的流行文化产品的跨境流行使海外受众在娱乐消费中获得了对中国国家形象积极、正面的认知[1]。这一研究与本节的个案研究同时启示笔者,流行文化会在城市空间可沟

---

[1] 常江:《流行歌曲与中国形象的跨文化认知:基于对苏丹青年群体的深度访谈》,《新闻界》2017年第6期,第37—43页。

通性的建构中发挥一定的作用。

　　实际上,在上海城市发展的历史上,流行歌曲作为海派文化的一部分,在建构和传播上海城市形象的过程中发挥着重要作用。一首脍炙人口的《夜上海》让全国人民乃至全世界人民都感受到了上海作为商业文化繁荣、充满摩登气息的现代化城市形象。

　　在本节探讨的《我在人民广场吃炸鸡》个案中,笔者也发现,一首传播力强、脍炙人口的歌曲对于建构城市空间形象和引发大众的城市空间实践都具有重要意义。在这个过程中,个体通过空间想象和空间实践与城市产生互动,在互动的过程中实现了与城市空间的沟通,城市空间的可沟通性也随之产生了。

　　《我在人民广场吃炸鸡》的个案还进一步启示笔者注意那些易于构建城市空间可沟通性的大众文化在内容层面可能具备的特征。通过访谈和对大众点评相关经验材料的分析,笔者发现,《我在人民广场吃炸鸡》这首歌将"炸鸡"与"人民广场"进行勾连的处理方式或许是它能有效地促进人民广场与大众沟通的重要因素。正如费斯克所言,"大众文化必须关系到大众切身的社会境况"[①]。"炸鸡"这种在人们日常生活中十分常见的小吃拉近了原本作为城市核心地标的人民广场与大众的距离,促进了人民广场与大众的沟通。由此可见,在空间意象层面对城市空间可沟通性的建构,不仅要关注如地标性、代表性这样的宏大叙事层面的意义,从微观切入、立足日常生活的城市空间意象建构同样具有十分重要的意义和价值。

[①] [美]约翰·费斯克:《理解大众文化》,王晓珏、宋伟杰译,中央编译出版社2001年版,第31页。

第四章　虚实相嵌：作为动态流动空间的人民广场

当下正是一个媒体无处不在的时代。正如卡斯特所言："从城市体验的观点来看，我们正进入一个不断与无处不在的电子通信装置结合的建筑环境"，"这是一种新的城市形态，我们在其中不管是有意还是无意，都不停地利用在线信息系统互动，并将越来越多地普及为无线模式"，人们在体验上形成了"流动空间叠加于地点空间之上"①的模式。麦奎尔也论述了这样的现象，他将这种城市空间称为"媒介-建筑复合体"②。当下，人们在游历任何一个城市空间时，都能感知到媒介在城市空间的嵌入。

媒介技术的嵌入毫无疑问会对人们在城市空间的体验产生各种各样的影响。比如，波斯特指出，新媒介构筑的"超级信息高速公路"不仅提升了信息的传播速度，还使得聚会场所、工作区、电子咖啡屋等空间中传输着大量图像及文字，从而令这些现实空间也变成交往关系的场所③。瓦尔认为，可以从两个应用出发来考虑

---

① [美]曼纽尔·卡斯特：《地方与全球：网络社会里的城市》，叶涯剑译，载于孙逊、杨剑龙：《网络社会与城市环境》，上海三联书店2010年版，第2—15页。
② [澳]斯科特·麦奎尔：《媒体城市：媒体、建筑与都市空间》，邵文实译，江苏教育出版社2013年版，第1页。
③ [美]马克·波斯特：《第二媒介时代》，范静哗译，南京大学出版社2005年版，第36页。

城市媒介的影响：一是城市媒介作为"经验标记"（experience marker）可以用以记录城市的经验，并与他人分享；二是数字和移动媒介作为"地域装置"（territory device）影响着生活在城市地区的人的体验。他由此指出，城市公共范畴不再是一个纯粹的物质空间，新媒介技术的嵌入促使一些城市居民聚在一起，互相关注并形成城市公众[1]。

也有一些论断则显得较为悲观和消极。美国建筑评论家保罗·戈德伯格说，那些在大街上一边走一边用着移动电话的人已经不再参与街区生活了：他们的身体在那里，而精神上则不是[2]。在传播学领域，梅罗维茨认为，电子媒介的出现削弱了人与其所在的物质地点的联系，从而产生了一种身体与某人单独在一起，并不表示在社会上也一定是单独在一起的景象[3]。这在一定程度上削弱了物理空间的意义。

不过，无论媒介嵌入城市空间对当代人的公共生活到底是好还是坏，它的影响都是不容置疑、不可忽视的。事实上，媒介技术的出现已经从根本上改变了传统的城市空间二分法则。在历史上，城市空间一直受到静态结构与移动主体这组关系的界定。媒介技术的嵌入使这一二分法让位于一种以动态流动为特征的混杂的空间性[4]。基于此，本章将以动态流动空间的视角切入，重新梳理媒介技术与城市空间的关系，并探讨媒介技术嵌入对人民广场可沟通性的影响及其内在的作用机制。

---

[1] [荷兰]马汀·德·瓦尔：《作为界面的城市——数字媒介如何改变城市》，毛磊、彭喆译，中国建筑工业出版社2018年版，第Ⅹ Ⅴ—Ⅹ Ⅵ页。

[2] 同上书，第Ⅶ页。

[3] [美]约书亚·梅罗维茨：《消失的地域：电子媒介对社会行为的影响》，肖志军译，清华大学出版社2002年版，第109—111页。

[4] [澳]斯科特·麦奎尔：《媒体城市：媒体、建筑与都市空间》，邵文实译，江苏教育出版社2013年版，第185页。

第四章 虚实相嵌：作为动态流动空间的人民广场

第一节 从报廊到手机：媒介在人民广场的嵌入

进入 21 世纪，新媒介技术迅速发展带来的数字媒体、视觉数字信息化以及地理空间科学技术等与城市空间的结合，唤醒了人们对媒介技术与地理空间融合的研究①。事实上，媒介与地理空间从未分离。在古希腊，人们几乎每天都要阅读陈列在公共场所的碑文，这些碑文不仅是为了表示纪念，还传播了大量的新闻②，它们实际上就是一种较早嵌入城市空间的媒介。

在今天的人民广场，人们可以看到报纸、广播、广告电子屏、移动手机等各种各样的媒介，这种嵌入主要表现为两种形式：一种是城市中的书报栏、广播、电子屏幕、二维码等，它们直接嵌入实体建筑物，成为建筑的一部分，提供激发新的社会互动和空间实践的可能；另一种是源自人们携带的手机、iPad 等移动媒介设备，它们具有联网和定位功能，通过嵌入人们的空间实践，重塑了人们与城市空间的互动。

一、报廊：作为空间实践的读报活动

在人民公园的一隅，有一个人民公园报廊。从图 4-1 可以看出，以木质结构搭建而成的报廊已经略显陈旧，似乎在诉说着这一空间的存在已经有一些年头了。在玻璃橱窗中，陈列着当天的《解放日报》，橱窗上方已经明显褪色的绿色背景映衬着"人民公园报

---

① 谢沁露：《从空间转向到空间媒介化：媒介地理学在西方的兴起与发展》，《现代传播（中国传媒大学学报）》2018 年第 2 期，第 75—81 页。
② [法]克琳娜·库蕾：《古希腊的交流》，邓丽丹译，广西师范大学出版社 2005 年版，第 88 页。

廊"几个大字。

图4-1　人民公园报廊

在新媒介技术迅速发展的当下,"报纸衰亡论"大行其道,但人民广场上的报廊却并不冷清。大多数时间都有过往的行人站在报廊,津津有味地阅读橱窗里的《解放日报》。笔者发现,报廊周围总是座无虚席,来往散步的行人总会有相当一部分被报廊吸引。

笔者遇见受访者A-03(女,64岁,上海人)时,她正站在报廊里聚精会神地阅读《解放日报》。她说:

> 我经常来的,只要不下雨就来,基本上如果来人民公园,我一定会看报纸的。几十年来,我都会来这里看报纸,当年人民公园开放的时候就有这个报廊了。自从人民公园改造开放后我就开始来这里看报纸了。家里订了《新民晚报》,但我还是喜欢到这里来看报纸。

同样在看报纸的受访者 A-04(男,66 岁,上海人)说:

> 我蛮喜欢来这里看报纸的,很安静,旁边也有人跟我一起看,看到点什么东西还能跟旁边人议论议论。

在深度访谈中,受访者 B-04(男,22 岁,陕西人)表示他也在报廊看过报纸,他的阅读行为与报廊所在的空间特征密切相关。他说:

> 我平时从来不看报纸,但到了这里,也想瞧瞧。这个报廊在这里,让我感觉看报纸有一种仪式感。

在人民公园报廊,报纸在城市空间的嵌入丰富了人们在公园的实践活动。更重要的是,在报廊读报的内在意义远超读报这一活动本身。具体而言,在报廊读报的意义主要有三:首先,读报活动本身是人与报纸这个媒介及其所承载内容的互动、沟通过程;其次,通过在报廊读报这种社会互动方式,人们可以与其他人展开社会交往活动;最后,在报廊读报还是人们进行空间实践的一种方式,促进了人与空间的互动和沟通。

二、电子屏幕:重塑城市空间

电子屏幕向都市景观的迁移是当代城市主义最明显、最具影响力的一个趋势。公共空间的电子屏幕不仅创造了一种新的景观,还激发了公共空间在使用和氛围营造方面的潜能[①]。1994 年,

---

① [澳]斯科特·麦奎尔:《媒体城市:媒体、建筑与都市空间》,邵文实译,江苏教育出版社 2013 年版,第 183、185 页。

人民广场竖起了第一块大屏幕，这也是中国最早的 LED 大屏幕（图 4-2）。这块大屏幕不仅改变了城市空间的面貌，还赋予城市空间以新的意义。具体而言，主要体现在以下两个方面。

图 4-2　1994 年建造的人民广场大屏幕①

一是地标性。这块醒目的大屏幕瞬间将原本平平无奇的城市空间变得富有标识性，人民广场的大屏幕成为当时人人皆知的重要地标。正如一篇文章中所说的，人民广场的大屏幕下是当时人们相约见面的首选之地②，可见大屏幕使城市空间有了突出的地

---

① 《人民广场大屏幕，侬还记得伐？》，2020 年 3 月 4 日，百度贴吧上海申花吧，https://tieba.baidu.com/p/6528701139，最后浏览日期：2021 年 11 月 21 日。
② 《人民广场大屏幕，当年阿拉碰头的地方，侬还记得伐？》，2017 年 11 月 26 日，搜狐网，https://www.sohu.com/a/206780654_225419，最后浏览日期：2021 年 11 月 21 日。

标性意义。

二是互动性。这块大屏幕创造了一种崭新的公共生活场景,激发了人与空间的新互动。由于大屏幕上经常播放新闻、足球比赛等,这些内容都吸引人们"站在那里一动不动,仰着脖子看比赛"①。正如电视机能把一家人聚集在客厅里一同观看一样,大屏幕也把来往的行人聚在一起,成为一个"团结的媒介"。除了在大屏幕上观看比赛和新闻节目,贴吧网友"莫再讲人马"的一段经历也非常有意思。他说:"是块声呐屏。以前小学没场地,跑步检测都去人民广场那里。路过那个大屏幕时,全班都会大喊,看那个屏幕的数字上升。"②

这块大屏幕在2002年因人民广场的整体改造而被拆除,但因它嵌入人民广场而形成的新的城市空间已经成为一代人的空间记忆。

如今,伴随着媒介技术的发展,电子屏幕在人民广场随处可见。这些电子屏幕主要可以分为两类:一类是位于人民广场和人民公园的电子屏幕,以文字为主,内容主要是城市宣传标语和对往来行人文明行为、安全等方面的提示;另一类则位于人民广场地铁站的地下通道,主要以广告为主。后者的内容更加多元,使嵌入人民广场的电子屏幕所呈现的意义不再仅停留在广告宣传层面,而是通过媒介实践和空间实践诠释出更为丰富的意义。

例如,有粉丝借助人民广场地下通道的电子屏幕为偶像举行应援活动(图4-3)。这种应援一般以偶像的生日或发布作品的时间为契机,由粉丝制作视频,然后筹集资金在人民广场的电子屏幕

---

① 《人民广场大屏幕,侬还记得伐?》,2020年3月4日,百度贴吧上海申花吧,https://tieba.baidu.com/p/6528701139,最后浏览日期:2021年11月21日。
② 同上。

上播出。他们还会通过各种新媒体平台和粉丝群进一步对线下应援活动进行呈现，一方面为自己喜爱的偶像做宣传，另一方面也表达对偶像的祝福和热爱。

图 4-3　粉丝为偶像在人民广场地铁站投放应援视频①

在这个过程中，借助电子屏幕得以实现的应援活动使人民广场这一空间呈现出多个层面的空间意义的交叠：一是人民广场作为城市中心的意义在应援过程中得到了潜移默化的显现；二是应援活动赋予人民广场一个全新的意义，使它变成了一个粉丝追星的空间。这种空间意义的交叠和再创造是通过作为粉丝的普通大众的参与而实现的。电子屏幕的嵌入使个体具备了参与城市空间意义改造的可能性，这对于个体与城市的互动和沟通具有重要的价值。

---

① 《【刘雨昕】生贺应援投屏｜上海人民广场站打卡｜实拍｜0420生日快乐》，2020年5月1日，bilibili，https://www.bilibili.com/video/BV12A41147YG?from=search&seid=2134279526596043683&spm_id_from=333.337.0.0，最后浏览日期：2021年11月21日。

在已有的研究中,麦奎尔(也译为麦夸尔)采用"城市媒介事件"形容电子屏幕与场所空间融合后对原有公共交往形态的重塑以及挪用公共空间的诸多可能性①。人民广场的这一个案实际上就是一个以城市空间为核心场域,融合了新媒介、传统媒介和城市空间等的创新性"城市媒介事件"。

三、智能手机:重构人与空间的互动

随着移动网络的发展,手机的使用越来越普及。在人民广场,使用手机已经成为人们重要的日常媒介实践活动。如果说原来是人们在人民广场上游历,在当下已经变成人们带着手机在人民广场上游历。手机已经深刻地嵌入人们在人民广场的空间实践。

笔者在实地观察中发现,"坐在长椅上低头玩手机"已然成了在人民广场上极其常见的场景。笔者有时观察人民广场上同一区域并排的几条长椅,几乎每条长椅上都坐满了低头玩手机的人,场面甚是壮观。这一场景在一二十年前的人民广场是不存在的。究其原因,这一现象与近年来智能手机终端和移动网络的发展是密不可分的。

手机的使用对人们在人民广场上的空间实践产生了巨大的影响,主要表现在以下三个方面。

首先,手机使各种各样的日常生活场景都可以挪移至人民广场,使广场上的活动变得更加多元化。手机提供的内容之丰富性远超过以往任何一种媒介。可以说,手机的出现使得人们可以将许多活动与人民广场这一空间任意组合,为新的公共生活场景的出现提供了可能性。例如,原本人们只能在家观看电视,而现在,

---

① [澳]斯科特·麦夸尔:《地理媒介:网络化城市与公共空间的未来》,潘霁译,复旦大学出版社2019年版,第129—131页。

坐在人民广场浏览视频成了一件非常常见的事情。笔者遇见受访者 A-06(女,48岁,上海人)时,她正坐在人民公园一处阴凉下的长椅上通过手机观看电视剧。在访谈中,她表示:

> 我就是没事过来坐坐,休息一下。今天下午两点钟左右来的,隔几天来一次,过来坐一会儿,看看电视剧。我在附近工作,所以选择这个地方。现在是工作中的休息时间。以前手机不能看剧的时候,我们就几个人一起吹吹牛,讲讲话,现在以看剧为主。①

在梅罗维茨的研究中,他假定每一个场景都有既定的规则和特定的行为;随后他发现,电子媒介的出现打破了场景与行为之间的关联,呈现出新的场景和行为的组合方式②。在人民广场,手机的出现创造了新的公共生活场景。例如,看视频、打电子游戏等一些原本只能在家中或网吧里进行的休闲活动,现在也可以在人民广场上进行。

其次,手机创造了新的广场交往和实践方式。在某些时候,手机成为人们在人民广场展开社会交往、产生互动的中介。笔者在人民广场遇见受访者 A-08(女,22岁,四川人)时,她正坐在人民公园的一条石凳上,手指在手机屏幕上不停地滑动,旁边不远处是她还在工作的小伙伴。在访谈中,她谈及手机对她与同事在人民广场上的空间实践的影响。

---

① 访谈的时间大约为下午两点,这位受访者是一名餐饮行业的从业人员,访谈的时间正好是她比较空闲的时候。
② [美]约书亚·梅罗维茨:《消失的地域:电子媒介对社会行为的影响》,肖志军译,清华大学出版社2002年版,第34—38页。

> 我是从事金融销售的，经常跟同事来这边发传单，在这边休息的时候基本上都会玩手机，有时候也跟同事一起玩手机，比如我们会一起玩猜谜语的游戏。基本上我们休息的时候做的事情都跟手机有关系，平时也会用手机在这边拍照。

由此可见，手机游戏成了受访者与其同事在人民广场这一物质空间中展开交往和实践的新内容。这种由手机中介的社会交往也呈现出一种新形态，即它发生于实体空间，同时其内容生产依托于虚拟空间的虚实交融。

最后，手机的嵌入改变甚至主导了人们在人民广场的空间实践。笔者在访谈中发现，大众点评和百度地图是众多访谈者经常提及的在人民广场使用的手机软件。其中，大众点评主要是为人们提供人民广场的美食和娱乐活动信息，还可以看到其他用户的具体评价，帮助用户作出选择。例如，受访者 B-07（女，25 岁，浙江人）告诉笔者，她经常使用大众点评搜索人民广场附近的美食信息。

> 我到人民广场，有时候想吃东西，就会用大众点评搜索人民广场。这个时候，人民广场周边的美食就会在手机上显示出来，我挑选后，就跟着手机上的地图在人民广场上找。

受访者 B-06（男，22 岁，上海人）说：

> 有时候正好在人民广场附近，不知道吃什么，对这边也不是太熟悉，就会打开大众点评看看有什么吃的，然后就跟着地图去找这个店。

受访者 B-05（男，25 岁，安徽人）在访谈中也提到了他的经历。他说：

> 我有一次在大众点评上看到有个店的评分很高，在人民广场的，我就特地跑到人民广场去吃。

另一个手机应用百度地图则主要通过帮助人们规划在人民广场附近的路线，塑造了人们在人民广场的空间实践。受访者B-07(女,25岁,浙江人)说：

> 人民广场太大了，路也太多了，我经常会绕晕，搞不清楚，所以我要去人民广场的哪个地方，我就会开百度地图导航，跟着导航走，总归是不会出错的。

可以发现，智能手机的普及对人民广场上的传播实践产生了两大影响。

一是打破了原有的公共与私人之间的界限，拓展了人民广场上的传播实践活动形式，赋予了人们新的时空体验。以往的研究认为，以电视为代表的媒体带来了公共领域的衰落及公共生活的私人化[1]。但以智能手机为代表的新媒介技术使人们不得不重新对这一观点进行审视。

正如麦奎尔所说："电子媒体的当代功能是公共与私人生活之间的中枢。"[2]在人民广场，智能手机的使用令一些原本私人化的活动自然而然地在公共空间中发生了，如浏览视频、观看电视剧、

---

[1] [英]罗杰·西尔弗斯通：《电视与日常生活》，陶庆梅译，江苏人民出版社2004年版，第96—97页。

[2] [澳]斯科特·麦奎尔：《媒体城市：媒体、建筑与都市空间》，邵文实译，江苏教育出版社2013年版，第185页。

上网、玩手机游戏等。人们的这些活动与人民广场这一空间组合，形成了一种徘徊于公共与私人并随时可以在两者间切换的空间实践样态。

二是智能手机构筑了一个源于个体实践的城市空间数据库，并通过它来重塑城市空间和人们的空间实践。通过大众点评和百度地图，人民广场呈现出一种数字化的转变趋势。其中，大众点评主要指向的是人民广场的美食、娱乐活动等方面的数据，百度地图则以交通和地理数据为主。这些数据塑造了一个线上的数字化人民广场。当人们打开这些 App 时，人民广场就已经不再是一个城市空间的地名，而是一个数据量极为庞大且始终处于一种持续建构状态中的动态化数据库。

这种数字化对人们在人民广场上的空间实践产生了巨大的影响。一方面，通过对城市空间数据的使用，人们的空间实践变得更加个性化。这体现在每个人都可以通过搜索大众点评和百度地图，根据自己的喜好规划和实现个性化的空间实践。另一方面，人们的空间实践也可能受到数据的左右，尤其是当算法被运用于那些赋予人们城市数据的电子应用，人们在社交网络和搜索引擎留下的数字痕迹将成为引导他们进行城市空间实践的"标记"。这时，客观的城市地图会变成一种主观的"活地图"，人们就会被那些自己特别感兴趣的"有用的地方"包围[①]。这会导致人们的空间实践陷入"地方蚕茧"，从而丧失体验多样化公共生活的机会。

四、媒介融合：激发城市空间沟通新可能

通过对报纸、电子屏幕、移动手机等众多媒介技术在人民广场

---

① ［荷兰］马汀·德·瓦尔：《作为界面的城市——数字媒介如何改变城市》，毛磊、彭喆译，中国建筑工业出版社 2018 年版，第 126 页。

的嵌入的分析,笔者认为,媒介对城市实体空间的嵌入实际上自大众媒介发展以来甚至更早就已经存在。伴随着新媒介技术的发展,这一现象变得越来越显著,并逐渐从报纸、大屏幕这类公共媒介的嵌入,走向无处不在的以手机为代表的移动媒介、私人媒介的嵌入,媒介融合将是未来城市空间发展的一大趋势。

通过对人民广场个案的分析可以发现,媒介技术在城市空间的嵌入对城市空间的可沟通性存在非常显著的影响。无论是报纸、电子屏幕还是手机,都在不同程度上影响了人们在城市空间中的传播实践,并改变了人与城市空间展开互动和沟通的方式。同时,媒介的嵌入与公众丰富的创造力结合在一起,往往会生产出令人惊喜的空间实践方式。例如,在人民广场的个案研究中,报纸、电子屏幕和手机都展现了它们能够使人们以新的方式,在此前不可能发生集体活动的地方展开共同行动[1]的能力。新媒介技术的出现创造了公众介入城市空间和公共生活的新接入口,在一定程度上实现了公共空间中的社会能动作用的重新分配[2]。布罗克曼认为,新媒介技术构成了"物理的都市空间与电子网络潜在的公共范围联系起来的新公共领域"[3]。这一论断与人民广场的个案都共同指向了新媒介技术对城市可沟通性潜力的挖掘,以及伴随着新媒介技术的不断发展,对可能产生的城市空间可沟通性的重塑。

至此,本书从传播的物质性、表征性和融合性三个维度对人民广场可沟通性状况的探讨将告一段落。上述三个维度并不总是互相区分,或者说上述三个维度实际上是融于一体,共同作用于城市空间的传播实践,并在这个过程中产生奇妙的化学反应,在新媒介

---

[1] [澳]斯科特·麦奎尔:《媒体城市:媒体、建筑与都市空间》,邵文实译,江苏教育出版社2013年版,第211页。
[2] 同上书,第218页。
[3] 同上书,第214页。

时代成为人民广场上的传播实践常态。接下来的两节将融合传播的三个方面,对人民广场上的两个典型案例展开分析,进一步展示新媒介时代人民广场的可沟通性状况。

第二节　个案分析:作为媒介的相亲角与相亲角中的媒介

2005年,由一群父母自发组织的相亲角在今天已经成为上海人民广场的重要标签,每逢双休日,这块位于人民公园的空间总是熙熙攘攘,挤满了前来为子女相亲的父母(图4-4)。孙沛东将这种由父母代替子女在相亲角寻找结婚对象的新型择偶模式称为"白发相亲"①。在笔者组织的焦点小组访谈中,当受访者被要求说出三个与人民广场相关的词时,不少受访者提到了相亲角,这也从侧面印证了相亲角的名气。

图4-4　人民公园的相亲角

---

① 孙沛东:《谁来娶我的女儿?:上海相亲角与"白发相亲"》,中国社会科学出版社2012年版,第4页。

在实地观察中,笔者发现相亲角中有各种形式的传播实践。首先,相亲本身就是一种社会交往活动。其次,伴随着新媒介技术的发展,手机的使用在相亲角非常普遍,并对相亲活动产生了微妙的影响。此外,在漫长的岁月里,相亲角已经成为一个符号,在与媒介的互动中,它的意义被不断地诠释和再诠释。

一、作为媒介的相亲角

作为媒介的相亲角,其媒介意义主要表现在三个方面。首先,它最本质的功能是相亲过程中男女双方沟通的媒介;其次,相亲角也是相亲者的父母展开社会交往的媒介;最后,相亲角还承载了丰富的上海城市文化,是传播上海文化的媒介。

(一)相亲空间

在中国传统文化中,相亲指向的择偶、婚姻问题一直是人们关注的焦点问题。相亲过程的外延涉及社会学、心理学、经济学等多个学科。从传播学的视角来看,相亲过程中必不可少的双方信息的交换、人与人的交往等都是传播的过程。因此,从这个意义上来讲,人民公园相亲角承载着丰富的传播实践。在相亲角,前来为孩子相亲的父母将孩子的性别、年龄、学历、职业、收入、房产、户籍和择偶要求等个人信息打印出来,放置在地面上。并且,他们不时地向路过驻足阅读信息的人们发出邀请:"要不要聊聊看啦。"

相亲角中另一个随处可见的场景,就是站在一起热烈讨论的家长们。他们在一起互相为彼此介绍自己的子女和家庭情况。同时,他们通过交谈得以了解对方的性格、脾气和家庭环境,从而进一步对潜在的相亲对象进行筛选。受访者 A-17(男,51岁,上海人)说:

我跟其他家长见面的过程中,交流后就可以大致了解对方父母跟我们是不是合拍。有些时候孩子很不错的,学历、工作、相貌,但是对方家长的谈吐什么的如果跟我们不是很匹配,那也不是很合适。

由此可见,在相亲过程中,相亲角实际上是一个充满信息交换和社会互动的空间,是连接男女双方的重要媒介。

(二)父母社会交往的空间

在焦点访谈中,年轻的受访者普遍对相亲角的"相亲效率"表示怀疑。他们认为"相亲角的成功率应该不高",在相亲角相亲是"无法理解的"。事实上,在相亲角为子女相亲的父母也意识到了这一点。在访谈中,受访者 A-24(女,58 岁,上海人)说:

反正退休了,在家没事干么就过来看看咯,如果能成功么就最好,主要看缘分。

孙沛东的研究指出,相亲角除了具有相亲的显功能,还具有一系列的潜功能,比如它也是"知青一代父母的社会交往与情感交流的新途径""交流日常生活信息的新平台"等。她将相亲者的父母每周从上海的四面八方来到人民公园的活动形容为一次"短途旅行",在相亲角,"他们不但了解到与择偶有关的方方面面的信息,而且可以交流日常的生活信息,甚至找到了志同道合的朋友",这种社会交往使这些"'同病相怜'者通过倾诉在一定程度上缓解了他们内心的焦虑和无助"[1]。

---

[1] 孙沛东:《谁来娶我的女儿?:上海相亲角与"白发相亲"》,中国社会科学出版社 2012 年版,第 231 页。

结合笔者的观察和孙沛东的研究,可以发现,相亲角不仅是一个相亲空间,也是一个父母辈展开社会交往的空间。在这一层面上,相亲角作为媒介的意义再次显现。

(三)城市景观空间

正如前文提到的,相亲角已经成为人民广场的重要标签。事实上,相亲角不仅是人民广场的标签,对上海这座城市也具有重要的表征意义。

格尔茨提出"地方知识"的概念,用以指代地方化的文化理解和文化解释的思维逻辑和认知手段[①]。笔者在实地观察中发现,在相亲角中蕴含着丰富的地方知识,在"白发相亲者"为子女撰写的征婚告示中,"老上海""黄浦""静安""内环"等各种具有上海地方特色的表述频频出现,无论其本身还是其背后的意蕴都极具地方性。同时,"白发相亲者"长期在相亲角中展开的相亲实践也建构了一整套包括户籍、职业、房产、彩礼、生肖等在内的富有上海特色的地方婚姻知识系统。此外,一些在相亲角中发生的交谈也充满上海的地方特色。例如,有人在闲聊中"嫌弃"一个外地来沪打工的年轻人:"你在老家有六套房有什么用啦,在上海一个阁楼都买不到";还有人在得知对方是北京人之后说:"北京人还是可以的,北京是首都呀。不过我们上海更加有文化一点,上海是文化中心。"又如,在相亲角摆摊的婚姻中介也都以上海本地人为主,在他们的广告牌上,都称自己为"×阿姨""×老师",这与上海地方方言中对于"愿意管闲事""愿意帮助别人"的人物形象极为相称。这些称谓背后蕴含的地方知识赋予了这些婚姻中介以"热心""可靠""专业"的从业资本和宣传标签。

[①] [美]克利福德·格尔茨:《地方知识——阐释人类学论文集》,杨德睿译,商务印书馆2017年版,代译序第Ⅲ—XXV页。

上述材料显示,相亲角不仅是相亲媒介、父母一辈进行社会交往的媒介,同时还是表征和传播城市文化的媒介。事实上,在大众点评和 B 站上,不少网友认为相亲角是一个极具上海地方特色的城市景点。例如,B 站网友"一枚闲置人类"以《up 主必打卡的上海非著名景点——人民公园相亲角》为题上传视频,可见其对相亲角作为城市媒介的意义的认同。受访者 B-04(男,22 岁,陕西人)在访谈中也将人民广场相亲角视作一个可以前往"打卡"的景点。

> 我到相亲角主要是想见识一下。不过到了那里之后,我真的是出乎意料,感觉就是什么都有。给我一种很开眼界的感觉,对上海人也有了更多的了解。

二、微信:嵌入相亲角的媒介

微信作为一款应用非常广泛的手机软件,已经深深地嵌入人们的日常生活,并参与到了主体日常身份的建构[①]。微信对人们社会交往的影响也延伸到了相亲角,它已经替代传统电话,成为相亲角中相亲双方建立联系的主要方式。这主要表现在一些父母在张贴孩子信息时会同时放上用以联系的微信二维码,路过的人只需扫描二维码,就可以获取联系方式;另外一些父母没有直接张贴微信二维码,但他们同样会在交换孩子的信息时直接添加相亲者的微信号。在访谈中,微信也时常作为一种相亲的后续交往方式

---

① 罗昕、王心怡:《为什么你不敢删除手机里的微信 App》,2014 年 12 月 27 日,澎湃网,https://www.thepaper.cn/newsDetail_forward_1289303,最后浏览日期:2021 年 11 月 21 日。

被提及。受访者 A-17(男,51 岁,上海人)表示微信是延续沟通的主要方式。

> 家长之间谈得合适就把手机号留一下,然后有时候家长之间把人家孩子的信息、照片拍一下,回去看下跟孩子说一下。如果可以,就让他们先加个微信聊一聊,有时候有些家长之间也加微信的,平时也可以联系联系,看看孩子们最近的情况。

此外,微信还常常被用以作为一种展示的方式。笔者在实地观察中发现,经常有家长通过展示自己、配偶和孩子的微信头像和朋友圈的方式,来让对方更加直观地了解自己的子女和家庭。其中,有人展示孩子在朋友圈里发布的工作信息,"他做金融的,我给你看哦,这个新闻里面就有他的";也有人展示孩子在朋友圈里发布的生活照片,"她卖相老灵的,我给你看哦";还有人展示自己的老伴,"他妈妈很有文化的,我给你看她的朋友圈"。

虽然微信在相亲角的使用非常普及,但对微信在相亲中发挥了什么样的作用,"白发相亲者"持有不同的态度。有人不认可微信在相亲中的价值,认为微信仅是一种代替电话的联系方式,因为对于相亲来说,更重要的是基于身体在场的、实体空间中的交往。受访者 A-23(男,62 岁,上海人)认为微信在相亲过程中的作用非常有限。他说:

> 微信上聊没有用的,一定要出来见面,否则微信聊得再好,出来一见面,就不行了。

也有人认为,微信可以作为一种初筛的手段,起到一种类似于过滤器的作用。受访者 A-24(女,58 岁,上海人)认同先加微信再见面的相亲方式。她说:

> 先微信上聊一下,互相先了解一下。聊得好再见面,聊得不好就当认识个朋友,也就不用见面了,免得尴尬。

虽然不同的人对微信在相亲过程中的意义存在不同的理解,但不可否认的是,微信已经嵌入相亲角的空间实践,成为相亲角的重要组成部分。

三、媒介对相亲角的多元再造

如前所述,作为城市空间的相亲角已经成为人民广场的重要标签。同时,相亲角作为一种社会现象也在媒介的建构下逐渐成为一个用以指代两代人在婚姻问题上的交锋、冲突和互动状况,父母辈的婚姻观念以及当代都市青年特有的婚姻观念等的多元符号。

(一)符号的强化:相亲角 App

2015 年 3 月,一款名为"人民广场相亲角"的 App 突然在朋友圈、微博等社交媒体上刷屏,并引发多家媒体的报道。

这款 App 在电脑和手机上均可下载,在 iOS 版本中,设计有"关注""儿子""女儿""搜索"和"更多"五栏。在"儿子""女儿"栏目中,出现了如"浦东股神的女儿""上海好丈母娘的女儿""老夫急萨特了的女儿"[①]等标题,其描述方式和方言的使用与现实的人民广

---

① 茅冠隽:《"人民广场相亲角"现同名手机客户端》,2015 年 3 月 28 日,环球网,https://finance.huanqiu.com/article/9CaKrnJJjJl,最后浏览日期:2021 年 11 月 21 日。

场相亲角给大众带来的那种"感觉要求很高的""父母很急的""有一种上海市井感"①的印象具有一定的一致性,使受众迅速将这款App与上海人民广场相亲角这一实体空间联系了起来,由此获得了众多媒体和网友的关注。

实际上,根据新闻报道,"这款手机应用程序并非公园方面在运营,而属于商家或者个人的自发行为"②。并且,这款App的开发并不完善。笔者下载并打开后发现,这款软件几乎无法正常使用。打开App,"儿子""女儿"这两个App的核心栏目都无法加载成功。一篇以这款App为主题的报道也指出,该软件在刚刚发布时便已经存在"提交、修改个人信息会导致闪退或卡死、输入栏无法弹出等问题"③。

可见,这款App的火热并不是源于它功能层面的意义,而是因为与人民广场相亲角这一符号的联系。由于这款App本身在功能层面的欠缺,在炒作热度过后,很快便销声匿迹。因此,由App引发的围绕相亲角的短暂舆论,其最为可见的意义就是进一步强化了相亲角的符号内涵——浓郁的上海地方特色。

(二)符号的再造:《她最后去了相亲角》

2016年4月,日本化妆品品牌SK-II主导的一部名为《她最后去了相亲角》的广告片在网络上刷屏。影片开头,父母一代表达了他们对未婚女儿的焦虑。在随后展开的影片叙事中,相亲角作为用以呈现父母一代对子女婚姻焦虑甚至强迫子女相亲的符号出现。在广告片中,有一位单身女性直截了当地指出"不喜欢相亲角",因为相亲角意味着一种"为物质结婚""为合适结婚"的婚姻观

---

① 源自焦点访谈。
② 茅冠隽:《"人民广场相亲角"现同名手机客户端》,2015年3月28日,环球网,https://finance.huanqiu.com/article/9CaKrnJJjJl,最后浏览日期:2021年11月21日。
③ 同上。

念。在广告片的后半段,呈现了一个以"为了把真实的想法告诉父母"为目的的实体展览活动。这个实体展览活动就设置在相亲角所在的人民公园入口。在展览中,单身女性的照片和她们对婚姻的真实想法被展出,活动举办方还邀请了被展出者的父母与他们的女儿一起参观展览。在广告片的最后,两代人坦率地沟通了自己不同的婚姻观念,并在拥抱和泪水中达成了理解。在此,实体空间的相亲角又变成了一个观念沟通的场域,两代人不同的婚姻观念在此得到表达和沟通。

在这个广告片中,相亲角的符号意义经历了一个微妙的转变过程,从一开始作为单身女性抗拒的对象逐渐转化为一个两代人真诚沟通的场域,相亲角的意义通过影片的叙事得到了重塑。

四、个案总结

在相亲角的个案中,可以看到一种集实体空间的社会交往、实体空间的文化表征、媒介技术的实体空间嵌入以及多元媒介的空间建构等多维度的传播实践于一体的城市空间可沟通性。

具体而言,这种可沟通性主要作用于三个层面:在微观层面,相亲角沟通了相亲双方及双方父母,并且在"白发相亲者"的空间实践中逐渐成为表征当代特殊婚姻现象的一个符号;在中观层面,相亲角成为一个表征当代都市青年婚姻问题和两代人因不同婚姻观念引发的矛盾的符号,媒介通过对这一符号的阐释和再阐释,在一定程度上为两代人创造了更多表达自我、达成和解的机会;在宏观层面,相亲角成为人民广场乃至上海这座城市的重要表征,具有突出的沟通人与城市的作用。

第三节　个案分析：穿梭在虚实之间
——以上海历史博物馆为例

2018年,上海历史博物馆在原跑马总会大楼旧址向公众正式开放。作为人民广场上的一个"旧瓶装新酒"的空间,上海历史博物馆这一个案充分展示了城市空间是如何通过选址、策展、技术运用等多个方面,更好地发挥其沟通城市的作用的。在这一个案中,新媒介技术与实体空间的融合为笔者关注新媒介时代城市空间的可沟通性演变提供了一个思考原点以及关于未来的丰富的想象空间。

一、选址：沟通文化与历史

位于人民广场的上海历史博物馆与上海博物馆、上海城市规划展示馆和上海大剧院等共同形成了一个文化空间集群,赋予了人民广场以浓厚的文化沟通意义,使之成为上海这座城市中重要的文化沟通之所。

上海历史博物馆所在的跑马总会大楼见证了上海近代历史的变迁。如前所述,这一建筑从最初供外国人和少部分华人赛马娱乐之用,到1951年收归国有,先后成为上海博物馆、上海图书馆和上海美术馆的所在地,对上海市民而言是重要的公共文化设施。2018年,上海历史博物馆的入驻更是延续了这种公共文化空间的功能[1]。无论是从建筑功能还是从建筑本身来看,上海历史博物馆与跑马总会大楼的结合都传递出一种历史的意味,强化了这一空间沟通历史的深刻内涵。

---

[1] 熊月之、严斌林:《上海零点人民广场》,学林出版社2020年版,第204页。

二、新媒介技术的嵌入：虚实互动

毋论媒介技术的嵌入，博物馆本身就是媒介。英国学者帕里指出："博物馆终究是一个媒介，它们拥有一个共同的状态——一个独一无二的、三维的、多感知的社会媒介，知识在其中以空间形态传播。"①随后，帕里又指出："博物馆也充满了媒体。"②伴随着新媒介技术的发展，新媒介技术在博物馆的嵌入已经越来越普遍。这种嵌入改变了博物馆的空间构造，也改变了参观者与博物馆的互动形式。

具体而言，在上海历史博物馆，新媒介技术的嵌入主要从两个方面发挥作用。

（一）跨媒体叙事

上海历史博物馆共有5层。其中，上海城市历史展是博物馆的常设展，展厅涵盖1—4层，分为序厅、古代上海、近代上海三个部分，分别分布在1层、2层和3—4层。此外，在博物馆1层还会不定期地举办一些特展，5层是餐厅和屋顶花园。

跨媒体叙事指一种多元媒介协同参与的媒介实践③，随着媒介技术的发展，跨媒体叙事的媒介实践已经成为空间生产的一部分④。在上海历史博物馆，由媒介影像、展厅布置和实物展品构成的跨媒体叙事，通过不同形态的媒介的相互呼应，对上海的历史文化进行了立体化、多层次的生动呈现（图4-5）。例如，在展现上海

---

① ［英］简·基德：《新媒体环境中的博物馆：跨媒体、参与及伦理》，胡芳译，上海科技教育出版社2017年版，第5页。
② 同上。
③ 刘煜、张红军：《遍在与重构："跨媒体叙事"及其空间建构逻辑》，《新闻与传播研究》2019年第9期，第26—37页。
④ 龚升平：《跨媒体叙事：在跨媒体时代重新生产空间》，《编辑之友》2020年第5期，第80—86页。

戏曲文化时,博物馆采用了舞台模型、实物展览和电子屏幕三者结合的方式。其中,舞台模型主要是模拟20世纪30年代大世界舞台上进行戏剧表演的场景,并且设有一个电动装置,用以操控幕布的开启和关闭,非常逼真;在舞台模型前面竖立着两个电子屏幕,屏幕上展示着当时在大世界上演的戏剧名称和大世界当天的戏剧演出安排;在舞台的左侧是实物展览,展出了戏服、乐器和许多戏剧台本。上述这些虚拟的和真实的展品放置在一起,为参观者营造出一个可以身临其境地穿梭于具有虚实、历史等诸多元素间的参观场景,便于参观者更加深入地体验并理解上海戏剧文化。又如,在呈现上海金融文化的部分,博物馆以银行保险柜造型为蓝本,采用1∶1的比例打造了一个保险柜模型。其中,有些保险柜的抽屉呈打开状,有的放置着各种钱币,也有的内嵌了一块电子屏幕,播放着展现上海金融发展的纪录片。这种虚实之间相互呼应、相互补充的表现手法,从历史演进、实物展览、模型演绎等多个层面对展出内容进行介绍,使参观者对上海金融史有了更加深入和透彻的理解。

图4-5　上海历史博物馆中的跨媒体叙事

第四章　虚实相嵌：作为动态流动空间的人民广场

除了影像媒介，声音媒介也通过各种各样的方式嵌入上海历史博物馆，与各种实物、模型等形成跨媒体叙事（图4-6）。上海历史博物馆特别设置了一个声音博物馆，里面摆放着电话机、留声机、耳机等各种各样的声音设备。通过这些设备，参观者可以收听与上海相关的历史事件和文本的声音资料。除了声音博物馆，馆内还特别设置了一块区域用以展示沪语。这块区域的墙面做成了富有沪语特色的日常用语的文字云集合，前面放着两个配有耳机的电子屏幕。屏幕上显示的四个栏目分别是《上海方言》《沪语听译》《沪语童谣》《洋泾浜话》，参观者选择某一栏目后，就可以通过视频和耳机观看、收听相应的内容。此外，声音媒介还嵌入展览的各个环节。例如，介绍上海教育历史的部分设有一个"百校百歌"的界面，电子屏幕下方配有耳机，参观者在电子屏幕上选择相应的学校，就可以通过耳机收听相应学校的校歌。这种融合了视觉和听觉的展览方式无疑给予了参观者更加丰富的体验和更为深刻的感受。

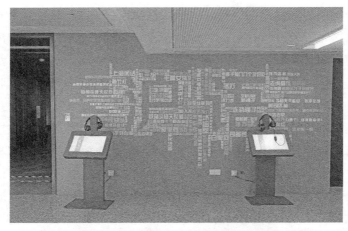

图 4-6 声音媒介在上海历史博物馆中的呈现

(二) 参与式空间

互联网的发展使人人参与空间互动成为一种共识,这也催生了人们对参与式空间的思考。对于博物馆这样的文化机构来说,参与是帮助博物馆重建与公众之间的联系的纽带,也顺应了人们在互联网时代已经不再满足于围观,而是希望更加积极地创作、分享和交流的心态①。在上海历史博物馆,各种各样的新媒介技术的运用使参观者在参观过程中不仅是一个围观者,也是一个积极的参与者。具体来说,参观者可以在馆内实现三种类型的参与。

一是知识学习类。参观者可以通过展厅内的电子屏幕选取自己感兴趣的内容,获得更为丰富的扩展内容介绍。例如,在"远古上海数第一"展区,展板上的文字描述了远古上海在诸多方面的"第一"。此外,展板下方还有两块电子屏幕,参观者可以通过点击电子屏幕,选择任何一个自己感兴趣的"远古上海第一"项目,进一步获得更加详细的介绍信息(图4-7)。

图4-7　上海历史博物馆内的部分参与式设备

二是游戏类。参观者可以通过参与小游戏获得对展出内容更为直观和深入的理解。例如,为了让参观者对陶器有更为感性的认识,馆内在陶器展示台附近设有一个名为"小小陶艺家"的互动设备。参观者只需根据电子屏幕提示的步骤进行操作,就可以完

---

① [美]妮娜·西蒙:《参与式博物馆:迈入博物馆2.0时代》,喻翔译,浙江大学出版社2018年版,第1—3页。

成一个陶器的制作。在这个过程中,参观者一方面跟随电子屏幕的指引,参与了博物馆对陶器制作过程的叙事;另一方面,通过体验陶器制作,参观者对陶器有了更加感性和深刻的认识。

三是照片合成类。博物馆内设有带摄像头的电子屏幕,参观者可以通过摄像头拍摄自己的照片,然后在屏幕上选取自己喜欢的旗袍、洋装等带有老上海特色的服装搭配,再配上南京路的街景,合成照片。通过这个过程,参观者与博物馆展览的互动性得到了提升。

由此可见,将博物馆打造成一个参与式空间,一方面,可以引导参观者主动地参与博物馆的叙事,从而更好地对博物馆的展览内容进行诠释;另一方面,参观者与博物馆的互动拉近了两者的关系。上述两个方面无疑都指向了博物馆可沟通性的强化。

三、虚实融合:新媒介时代的传播方式再造

如前所述,上海历史博物馆主要通过跨媒体叙事和构筑参与式空间的方式,展现了新媒介时代下空间中的虚实互嵌以及由此产生的虚实融合的传播方式。在上海历史博物馆,真实的场景和各种各样的媒介技术相互融合,赋予参观者在互动、沉浸、参与等多个层面的多元化体验。

有博物馆学的学者担心,新媒介技术的产生会使博物馆作为人类文化记忆的看门人和诠释者的地位变得可以替代[1],因为人们能从网络上非常轻松地获取各种各样的关于历史的知识。但是,作为实体空间媒介的博物馆并没有"坐以待毙",而是通过嵌入各种各样的新媒介,为参观者提供更为丰富的体验,无论是媒体增

---

[1] [英]简·基德:《新媒体环境中的博物馆:跨媒体、参与及伦理》,胡芳译,上海科技教育出版社 2017 年版,第 9 页。

强的现场体验,还是媒体驱动的馆外体验①。由此,博物馆从原本单向输出的媒体变成了一个可以使参观者深度参与并展开实践的媒体②。此外,博物馆的实体空间带来的真实、身临其境的体验和互动价值又是单纯的媒介技术塑造的虚拟空间难以比拟的。上海历史博物馆的案例同样说明了这一点。

如果将这一认识从博物馆空间拓展到城市空间,就可以发现,新媒介技术在实体空间的嵌入实际上并不是对实体空间的取代,而是两者共塑一种新的、以虚实融合为核心特征的城市空间。这一方面是对传统实体空间的可沟通性的再建构,另一方面塑造了一种新的虚实融合空间的可沟通性形态。

---

① [英]简·基德:《新媒体环境中的博物馆:跨媒体、参与及伦理》,胡芳译,上海科技教育出版社 2017 年版,第 9 页。
② 同上书,第 10 页。

结论　城市空间与可沟通城市
——媒介融合的视角

一、作为融合媒介的城市空间

媒介不仅包括报纸、广播、电视、互联网、手机等各式各样的通俗意义上的媒介,建筑、空地、各种各样的装置等实体物都可以被视作一种媒介。本书立足于这一思想基础,通过对人民广场的空间变迁和传播实践的研究,进一步认为,在新媒介时代,以往用于理解媒介产业的媒介融合的概念或许也可以用于对城市空间的阐释,即将城市空间视为一种融合媒介,或许可以更为贴切地阐释当前城市空间的传播特征以及城市空间对于城市传播和城市的意义。

媒介融合这个概念是在新媒介技术飞速发展的情境中提出的,最初指的是各种媒介呈现多功能一体化的趋势。随着媒介技术的进一步发展,各种各样的新的媒介形态层出不穷,这使得媒介融合不断地呈现出新的特质。所以,媒介融合实际上是一个不断发展的概念,很难通过固定的概念阐释这一现象。同时,媒介融合的影响又极其深远,其影响力不仅在于它引发了媒介生产方式的革新,还在于它成了推动媒介化社会形成的核心动力[①]。伴随着

[①] 孟建、赵元珂:《媒介融合:粘聚并造就新型的媒介化社会》,《国际新闻界》2006年第7期,第24—27、54页。

结论　城市空间与可沟通城市——媒介融合的视角

　　媒介融合相关研究的进一步推进,不仅可以从媒介的内容生产、资源整合和媒介产业等层面来理解媒介融合,媒介融合还可以用以指代社会形态的变化,即以数字技术为元技术平台将不同维度的媒介重新整合为一体,形成一个全球化的、涌动的"网络社会"①。在人与技术的互嵌、人工智能技术的发展等技术环境下,新技术引发的媒介融合不仅止于媒介形态的融合,也不仅是社会形态的融合,而是技术与人的融合。技术与人的融合创造出一个新型的主体——赛博人。立足于赛博人,媒介融合突破了社会领域的原有架构,渗透于社会生活的方方面面,持续地重组着社会系统②。

　　对媒介融合理解的多样化也启示本书从媒介融合的维度来理解发生在人民广场的传播实践以及作为媒介的人民广场。人民广场的个案展示出城市空间与传播至少在以下四个方面存在关联。

　　其一,城市空间形塑了人们的社会交往与公共生活。在人民广场的个案中,不同历史时期的人民广场的空间形态不同,空间背后的权力关系及与之相伴的空间意识形态也不同,使得人民广场承载的社会交往和公共生活形式截然不同。空间形态在潜移默化中形塑着人们在广场上的传播实践。

　　其二,城市空间是对城市历史、城市文化、城市规划思想等多重意蕴的表征。在人民广场的个案中,新旧建筑共存、各种建筑的拼贴以及新的人民广场的空间设置,都镌刻着城市的历史、城市的发展、海派文化以及当前政府对人民广场这一城市空间甚至对上海这座城市的规划思路。在这一层面,建筑和空间作为表征而存在。

---

① 黄旦、李暄:《从业态转向社会形态:媒介融合再理解》,《现代传播(中国传媒大学学报)》2016年第1期,第13—20页。
② 孙玮:《赛博人:后人类时代的媒介融合》,《新闻记者》2018年第6期,第4—11页。

其三，媒介对城市空间意象的建构，对塑造城市空间形象、沟通城市空间与个体甚至引发个体的空间实践和传播实践，都具有重要的意义。在人民广场的个案中，多元且丰富的意象在大众媒介、新媒介、大众文化等的建构中流淌。在这个过程中，个体、城市空间与城市产生了各种各样的互动，人与城市空间和城市的沟通也在这个过程中产生了。

其四，伴随着新媒介技术的发展，城市空间与新媒介技术的融合不仅体现为对城市空间的重塑，也体现在它重塑了城市空间中的传播形态。在人民广场的个案中，大众媒介、电子屏幕、移动智能手机在人民广场这一城市空间的嵌入，丰富和延伸了城市空间的形态意义，重构了市民在城市空间中的空间实践。

上述四个方面展示了新媒介时代人民广场上的传播实践的多元形态。基于此，本书发现，在人民广场，城市空间、大众媒介以及新媒介等多种传播技术、个体实践等多元主体在信息传递、社会互动、意义建构等多个维度，共同组成了上海人民广场传播实践的"清明上河图"。如果说媒介的意义在于沟通信息、实现互动和意义流转，那么，人民广场的个案显示出城市媒介不仅包括传统意义上的大众媒介和新媒介，还应该包括城市空间和在城市空间中创造各种空间实践的个体。延森对媒介融合的研究涵盖人际传播、大众传播和网络传播三大维度。因此，融合媒介的概念也可以延伸到对人民广场这一作为媒介的城市空间的理解，即人民广场这一城市空间是一个融合了实体空间、新老媒介技术以及个体实践的融合媒介。

若将这种思路再拓展至对城市空间可沟通性以及可沟通城市建设的理解层面，那么，无论是城市空间还是城市本身的可沟通性建构，也就不再局限于建筑学理解的通过建造城市地标，以实体空间的方式来表征城市的形式；也不再局限于大众传播时期以城市形象片等媒介来表征和建构城市形象的形式。当前,城市传播已经进入媒介融合时代。城市传播中的媒介融合具有两个层面的意义:一是在城市传播中,城市空间、大众媒介与新媒介、个体等多元主体都发挥了媒介的作用;二是城市空间的沟通,也就是城市空间的可沟通性和可沟通城市的建构,是在上述多元媒介的融合中形成的。

二、融合媒介与可沟通城市的构建

卡斯特指出,多元是城市发展的关键性趋势,城市不仅是一个功能性单元,而且创造文化差异、表征体系和意义体系;城市既是多重文化的,也是多重意义的。他认为,观察这种意义和文化复合性是如何使互动和交流成为可能,具有极其重要的意义[①]。卡斯特提出的问题实际上就是如何构建可沟通城市的问题。

通过对上海人民广场的个案研究可以发现,城市空间中的沟通实践极为多元。拓展到城市空间与城市关系的层面来看,人民广场作为上海的一个具有极强的象征性意义的空间,它在城市沟通过程中体现的意义主要包括以下三个层面。

首先,在象征意义层面,人民广场作为城市地理中心、政治中心、文化中心和交通枢纽,是上海具有显著的象征性意义的一个城市空间,城市在象征层面的多重意义得以在这一空间中汇聚和流动。

其次,在社会沟通层面,人民广场为陌生人提供了相遇的机会,并通过地铁角、相亲角、英语角、茶馆、酒吧、咖啡馆等多种空间形式,不断地创造出沟通和互动的机会,是城市中重要的沟通

---

① [美]曼纽尔·卡斯特:《地方与全球:网络社会里的城市》,叶涯剑译,载于孙逊、杨剑龙:《网络社会与城市环境》,上海三联书店 2010 年版,第 2—15 页。

节点。

最后，新媒介技术的发展使人民广场成了一个电子沟通和面对面沟通混合的空间，这种混合同时作用于象征层面和社会沟通层面。在象征层面，新媒介技术构建的虚拟空间与实体空间叠加形成一个混合空间，或者说流动空间①，进而生产出更为丰富的体验与意义，强化了人民广场对城市的表征性。例如，在前文分析的B站对人民广场空间意象的建构中，人民广场成为城市中具有代表性的时尚潮流空间。这在以往大众媒介的建构中并不存在，不失为人民广场沟通个体和城市的一个可以借鉴的路径。在社会沟通层面，新媒介技术的嵌入将人民广场打造成一个媒介-建筑复合体，人们在游历人民广场的过程中实现了与上海甚至是与全球的互动。

由此可见，在新媒介时代，城市空间在建设可沟通城市的过程中依然具有很重要的意义。首先，城市空间原初的沟通意义依然存在，并在可沟通城市的建构过程中充当着重要的角色，表现在象征、社会互动、意义流转等多个层面。其次，新媒介技术拓展了城市空间在城市可沟通性构建过程中的意义。这主要表现在，一方面，新媒介技术赋予个体参与城市空间建构的机会，通过与城市的互动使城市空间意象和城市形象都更为丰富；另一方面，新媒介技术创造的流动空间使城市空间、个体、城市甚至全球都在人们的空间实践中得以互动、融通和汇聚。在此，城市空间提供了一个个体进入城市并与城市产生沟通和互动的入口。人们通过城市空间可以更好地感知城市、理解城市进而创造城市。

总体而言，在全球化、城市化、新媒介技术日新月异等诸多背

---

① [美]曼纽尔·卡斯特：《地方与全球：网络社会里的城市》，叶涯剑译，载于孙逊、杨剑龙：《网络社会与城市环境》，上海三联书店2010年版，第2—15页。

景下，传播视角在城市研究的重要性将日益凸显。一个可沟通的城市空间将使人与城市的互动日益频繁，能极大地鼓励人们积极地参与公共生活，激发公共生活的活力，建设可沟通城市的愿景也将在这个过程中实现。

参考文献

一、普通图书与论文集

1. [澳]德波拉·史蒂文森. 城市与城市文化[M]. 李东航,译. 北京:北京大学出版社,2015.
2. [澳]斯科特·麦夸尔. 地理媒介:网络化城市与公共空间的未来[M]. 潘霁,译. 上海:复旦大学出版社,2019.
3. [澳]斯科特·麦奎尔. 媒体城市:媒体、建筑与都市空间[M]. 邵文实,译. 南京:江苏教育出版社,2013.
4. [丹]克劳斯·布鲁恩·延森. 媒介融合:网络传播、大众传播和人际传播的三重维度[M]. 刘君,译. 上海:复旦大学出版社,2012.
5. [丹]扬·盖尔. 交往与空间[M]. 4版. 何人可,译. 北京:中国建筑工业出版社,2002.
6. [德]哈贝马斯. 公共领域的结构转型[M]. 曹卫东、王晓珏、刘北城,等译. 上海:学林出版社,1999.
7. [德]马克斯·霍克海默,西奥多·阿道尔诺. 启蒙辩证法——哲学断片[M]. 渠敬东,曹卫东,译. 上海:上海人民出版社,2006.
8. [德]G. 齐美尔. 桥与门——齐美尔随笔集[M]. 涯鸿,宇声,等译. 上海:上海三联书店,1991.
9. [德]齐美尔. 社会是如何可能的:齐美尔社会学文选[M]. 林荣远,编译. 桂林:广西师范大学出版社,2002.
10. [德]瓦尔特·本雅明. 机械复制时代的艺术作品[M]. 王才勇,译. 北京:中国城市出版社,2002.
11. [法]白吉尔. 上海史:走向现代之路[M]. 王菊,赵念国,译. 上海:上海社会科学院出版社,2014.
12. [法]克琳娜·库蕾. 古希腊的交流[M]. 邓丽丹,译. 桂林:广西师范大学出版社,2005.
13. [法]雷吉斯·德布雷.媒介学引论[M].刘文玲,译.北京:中国传媒大学出版社,2014.
14. [法]米歇尔·福柯.规训与惩罚:监狱的诞生[M].刘北成,杨远婴,译.北京:生活·读书·新知三联书店,1999.
15. [荷]马汀·德·瓦尔.作为界面的城市——数字媒介如何改变城市[M].毛磊,彭喆,译.北京:中国建筑工业出版社,2018.
16. [加拿大]贝淡宁,[以]艾维纳.城市的精神:全球化时代,城市何以安顿我们[M].吴万伟,译.重庆:重庆出版社,2012.
17. [加拿大]罗伯·希尔兹.空间问题:文化拓扑学和社会空间化[M].谢文娟,张顺生,译.南京:江苏凤凰教育出版社,2017.
18. [加拿大]简·雅各布斯.美国大城市的死与生:纪念版[M].2版.金衡山,译.南京:译林出版社,2006.
19. [美]W.J.T.米歇尔.图像学:形象、文本、意识形态[M].陈永国,译.北京:北京大学出版社,2012.
20. [美]本尼迪克特·安德森.想象的共同体——民族主义的起源与散布[M].吴叡人,译.上海:上海人民出版社,2005.
21. [美]戴维·哈维.叛逆的城市——从城市权利到城市革命[M].叶齐茂,倪晓晖,译.北京:商务印书馆,2014.
22. [美]段义孚.空间与地方:经验的视角[M].王志标,译.北京:中国人民大学出版社,2017.
23. [美]凯文·林奇.城市形态[M].林庆怡,陈朝晖,邓华,译.北京:华夏出版社,2001.
24. [美]凯文·林奇.城市意象[M].方益萍,何晓军,译.北京:华夏出版社,2001.
25. [美]理查德·桑内特.公共人的衰落[M].李继宏,译.上海:上海译文出版社,2014.
26. [美]刘易斯·芒福德.城市发展史——起源、演变和前景[M].宋俊岭,倪文彦,译.北京:中国建筑工业出版社,2005.
27. [美]罗兹·墨菲.上海——现代中国的钥匙[M].上海社会科学院历史研究所,译.上海:上海人民出版社,1986.
28. [美]马克·波斯特.第二媒介时代[M].范静晔,译.南京:南京大学出版社,2005.

29. [美]马克·戈特迪纳,雷·哈奇森. 新城市社会学[M]. 4版. 黄怡,译. 上海：上海译文出版社,2018.
30. [美]曼纽尔·卡斯特. 网络社会的崛起[M]. 夏铸九,王志弘,译. 北京：社会科学文献出版社,2001.
31. [美]妮娜·西蒙. 参与式博物馆：迈入博物馆2.0时代[M]. 喻翔,译. 杭州：浙江大学出版社,2018.
32. [美]索杰. 第三空间——去往洛杉矶和其他真实和想象地方的旅程[M]. 陆扬,刘佳林,朱志荣,等译. 上海：上海教育出版社,2005.
33. [美]威廉·H. 怀特. 小城市空间的社会生活[M]. 叶齐茂,倪晓晖,译. 上海：上海译文出版社,2016.
34. [美]约翰·费斯克. 理解大众文化[M]. 王晓珏,宋伟杰,译. 北京：中央编译出版社,2001.
35. [美]约书亚·梅罗维茨. 消失的地域：电子媒介对社会行为的影响[M]. 肖志军,译. 北京：清华大学出版社,2002.
36. [美]詹姆斯·W. 凯瑞. 作为文化的传播[M]. 丁未,译. 北京：华夏出版社,2005.
37. [美]詹姆斯·罗尔. 媒介、传播、文化——一个全球性的途径[M]. 董洪川,译. 北京：商务印书馆,2012.
38. [挪]诺伯舒兹. 场所精神：迈向建筑现象学[M]. 施植明,译. 武汉：华中科技大学出版社,2010.
39. [日]佐藤卓己. 现代传媒史[M]. 诸葛蔚东,译. 北京：北京大学出版社,2004.
40. [英]加里·布里奇,索菲·沃森. 城市概论[M]. 陈剑峰,袁胜育,等译. 桂林：漓江出版社,2015.
41. [英]简·基德. 新媒体环境中的博物馆：跨媒体、参与及伦理[M]. 胡芳,译. 上海：上海科技教育出版社,2017.
42. [英]克利夫·芒福汀. 街道与广场[M]. 张永刚,陆卫东,译. 北京：中国建筑工业出版社,2004.
43. [英]罗杰·西尔弗斯通. 电视与日常生活[M]. 陶庆梅,译. 南京：江苏人民出版社,2004.
44. [英]雷蒙德·威廉斯. 关键词：文化与社会的词汇[M]. 刘建基,译. 北京：生活·读书·新知三联书店,2005.
45. [英]雷蒙德·威廉斯. 文化与社会[M]. 吴松江,张文定,译. 北京：北京大学出版社,1991.

46. [英]乔纳森·格里斯. 研究方法的第一本书[M]. 孙冰洁,王亮,译. 大连：东北财经大学出版社,2011.
47. [英]约翰·斯道雷. 文化理论与大众文化导论[M]. 5版. 常江,译. 北京：北京大学出版社,2010.
48. [英]Tim Cresswell. 地方：记忆、想象与认同[M]. 王志弘,徐苔玲,译. 台北：群学出版有限公司,2006.
49. [美]艾瑞克·J.詹金斯. 广场尺度：100个城市广场[M]. 李哲,武赟,赵庆,译. 天津：天津大学出版社,2009.
50. [英]朵琳·玛西,约翰·艾伦,史提夫·派尔. 城市世界[M]. 王志弘,译. 台北：群学出版有限公司,2009.
51. [英]约翰·伦尼·肖特. 城市秩序：城市、文化与权力导论[M]. 郑娟,梁捷,译. 上海：上海人民出版社,2015.
52. 冯雷. 理解空间：20世纪空间观念的激变[M]. 北京：中央编译出版社,2017.
53. 陈向明. 质的研究方法与社会科学研究[M]. 北京：教育科学出版社,2000.
54. 傅崇兰,白晨曦,曹文明,等. 中国城市发展史[M]. 北京：社会科学文献出版社,2009.
55. 黄跃金. 上海人民广场[M]. 上海：上海社会科学院出版社,2000.
56. 李天纲. 南京路：东方全球主义的诞生[M]. 上海：上海人民出版社,2009.
57. 潘霁,周海晏,徐笛,等. 跳动空间：抖音城市的生成与传播[M]. 上海：复旦大学出版社,2020.
58. 上海市黄浦区志编纂委员会. 黄浦区志[M]. 上海：上海社会科学院出版社,1996.
59. 上海音像资料馆. 上海故事：一座城市的温暖记忆[M]. 上海：上海大学出版社,2018.
60. 孙沛东. 谁来娶我的女儿？：上海相亲角与"白发相亲"[M]. 北京：中国社会科学出版社,2012.
61. 孙绍谊. 想象的城市——文学、电影和视觉上海（1927—1937）[M]. 上海：复旦大学出版社,2009.
62. 王笛. 茶馆：成都的公共生活和微观世界（1900—1950）[M]. 北京：社会

科学文献出版社,2010.

63. 王敏,魏兵兵,江文君,等. 近代上海城市公共空间(1843—1949)[M]. 上海:上海辞书出版社,2011.

64. 忻平. 从上海发现历史——现代化进程中的上海人及其社会生活:1927—1937[M]. 修订版. 上海:上海大学出版社,2009.

65. 熊月之,严斌林. 上海零点人民广场[M]. 上海:学林出版社,2020.

66. 熊月之,张敏. 上海通史(第六卷 晚清文化)[M]. 上海:上海人民出版社,1999.

67. 叶文心. 上海繁华:都会经济伦理与近代中国[M]. 台北:时报文化出版企业股份有限公司,2010.

68. 张宁. 异国事物的转译——近代上海的跑马、跑狗和回力球赛[M]. 北京:社会科学文献出版社,2020.

69. 包亚明. 现代性与空间的生产[M]. 上海:上海教育出版社,2003.

70. 陶东风,周宪. 文化研究(第10辑)[M]. 北京:社会科学文献出版社,2010.

71. 孙逊,杨剑龙. 网络社会与城市环境[M]. 上海:上海三联书店,2010.

72. 罗钢,刘象愚. 文化研究读本[M]. 北京:中国社会科学出版社,2000.

73. 吴汉民. 20世纪上海文史资料文库(10)[M]. 上海:上海书店出版社,1999.

74. [美]克利福德·格尔茨. 地方知识——阐释人类学论文集[M]. 杨德睿,译. 北京:商务印书馆,2017.

75. [美]大卫·哈维. 巴黎城记:现代性之都的诞生[M]. 黄煜文,译. 桂林:广西师范大学出版社,2010.

76. Matthew D. Matsaganis, Victoria J. Gallagher, Susan J. Drucker. Communicative Cities in the 21st Century[M]. New York:Peter Lang Publishing,2003.

77. 郑欣淼,晋宏逵. 中国紫禁城学会论文集第八辑(上册)[C]. 北京:故宫出版社,2014.

79. "传播与中国·复旦论坛"(2008):传播媒介与社会空间论文集[C]. 上海:复旦大学,2008.

二、期刊文章与学位论文

1. 白玉琼. 从"跑马厅"到"人民广场"——上海城市公共空间的艰难历程

[J].上海艺术家,2005(3).
2. 白玉琼.公共空间的历史变迁——以上海"人民广场"的演变为例[J].公共艺术,2014(6).
3. 曾一果.从"怀旧"到"后怀旧"——关于苏州城市形象片的文化研究[J].江苏社会科学,2017(4).
4. 常江.流行歌曲与中国形象的跨文化认知:基于对苏丹青年群体的深度访谈[J].新闻界,2017(6).
5. 陈静茜.夸示与操纵:基于LBS的城市文化符码与生活方式建构——以上海人民广场微博客使用为例[J].浙江传媒学院学报,2014(6).
6. 杜丹.镜像苏州:市民参与和话语重构——对UGC视频和网友评论的文本分析[J].新闻与传播研究,2016(8).
7. 冯叙.建筑现象学研究——以上海人民广场为例[J].中外建筑,2006(1).
8. 高琨,汪芳.城市中历史空间与现实场景的对话——以北京城为例[J].华中建筑,2012(10).
9. 龚升平.跨媒体叙事:在跨媒体时代重新生产空间[J].编辑之友,2020(5).
10. 古丽扎伯克力,辛自强,李丹.地方依恋研究进展:概念、理论与方法[J].首都师范大学学报(社会科学版),2011(5).
11. 郭明.简论夏商周时期大型院落式建筑对称布局的演变[J].考古,2015(3).
12. 黄旦,李暄.从业态转向社会形态:媒介融合再理解[J].现代传播(中国传媒大学学报),2016(1).
13. 刘煜,张红军.遍在与重构:"跨媒体叙事"及其空间建构逻辑[J].新闻与传播研究,2019(9).
14. 龙迪勇.图像叙事与文字叙事——故事画中的图像与文本[J].江西社会科学,2008(3).
15. 孟建,赵元珂.媒介融合:粘聚并造就新型的媒介化社会[J].国际新闻界,2006(7).
16. 潘霁.城市意义网络的可沟通性——从空间与文化视角考察上海地方认同[J].新闻与传播研究,2015(8).
17. 孙玮,李梦颖."可见性":社会化媒体与公共领域——以占海特"异地高考"事件为例[J].西北师大学报(社会科学版),2014(2).
18. 孙玮."上海再造":传播视野中的中国城市研究[J].杭州师范大学学报

（社会科学版），2013(2).

19. 孙玮.城市传播：重建传播与人的关系[J].新闻与传播研究，2015(7).
20. 孙玮.镜中上海：传播方式与城市[J].苏州大学学报(哲学社会科学版)，2014(4).
21. 孙玮.赛博人：后人类时代的媒介融合[J].新闻记者，2018(6).
22. 孙玮.作为媒介的外滩：上海现代性的发生与成长[J].新闻大学，2011(4).
23. 王冬冬.论上海城市形象片的去奇观化叙事[J].新闻大学，2014(1).
24. 吴予敏.从"媒介化都市生存"到"可沟通的城市"——关于城市传播研究及其公共性问题的思考[J].新闻与传播研究，2014(3).
25. 谢静.可沟通城市：网络社会的新城市主张[J].新闻与传播研究，2015(7).
26. 谢静,潘霁,孙玮.可沟通城市评价体系[J].新闻与传播研究，2015(7).
27. 谢沁露.从空间转向到空间媒介化：媒介地理学在西方的兴起与发展[J].现代传播(中国传媒大学学报)，2018(2).
28. 熊月之.从跑马厅到人民公园人民广场：历史变迁与象征意义[J].社会科学，2008(3).
29. 张伟博.媒介、建筑与空间视角下的城市形象传播研究——以南京为例[J].现代城市研究，2020(12).
30. 张晓春.市政、娱乐与文化 上海人民广场地区城市空间变迁研究[J].时代建筑，2016(6).
31. 张昱辰.在全球与地方间的媒介：城市轨道交通在上海的传播(1980—2010)[J].国际新闻界，2019(3).
32. 周海晏.空间可沟通性："微游上海"的城市意象及其生产[J].新闻与传播研究，2015(8).
33. 周凯,庄鹏.城市形象推广的传播学考察[J].西南民族大学学报(人文社会科学版)，2012(7).
34. 田甜.社区新媒体与"可沟通型社区"的营造[D].南昌：南昌大学，2015.
35. 俞婉渌.中国交通广播与"可沟通城市"的想象建构——以浙江电台交通之声FM93为例[D].杭州：浙江大学，2013.
36. 赵民.歌唱背后的"歌唱"——当代"两岸三地"中文流行歌曲简史与意义解读[D].上海：复旦大学，2008.
37. 钟靖.空间、权力与文化的嬗变：上海人民广场文化研究[D].上海：华东师范大学,2014.
38. Cees J. Hamelink. Urban Conflict and Communication [J]. International Communication Gazette, 2008,70(3-4).
39. Gary Gumpert, Susan J. Drucker. Communicative Cities [J]. International Communication Gazette, 2008,70(3-4).
40. Gene Burd. The Mediated as Medium and Message [J]. International Communication Gazette, 2008,70(3-4).
41. Mary Ann Allison. Measuring Urban Communication: Frameworks and Methods for Developing the Criteria for the Urban Communication Foundation Communication City Award [J]. International Communication Gazette, 2008,70(3-4).
42. Myria Georgiou. Urban Encounters [J]. International Communication Gazette, 2008,70(3-4).
43. Nico Carpentier. The Belly of the City: Alternative Communicative City Networks [J]. International Communication Gazette, 2008,70(3-4).
44. Susan J. Drucker, Gary Gumpert. Freedom of Expression in Communicative Cities [J]. Free Speech Yearbook, 2012,44(1).
45. Ridwan Sutriadi, Agustiah Wulandari. Towards a Communicative City: Enhancing Urban Planning Coordination by the Support of Information and Communication Technology. Case Study Bandung Metropolitan Area, Indonesia [J]. Procedia-Social and Behavioral Sciences, 2014,135.

三、报纸文章

1. 工部局昨晚议决取缔跑狗场办法暂不宣布[N]. 申报,1930-11-13(14).
2. 何应钦海外来书赞同本报社论意见跑马厅辟作公园[N]. 申报,1946-12-4(5).
3. 华商汽车工人要求跑马日发双薪,公司尚未答复[N]. 申报,1931-5-4(16).
4. 跑马跑不跑舌战一场未得要领市长解释决不奉承外国人[N]. 申报,1946-9-13(4).
5. 跑马厅改公园市长表示同意[N]. 申报,1946-4-24(4).
6. 跑马厅改建公园当局正在接洽中[N]. 申报,1946-3-27(3).

7. 跑马厅举行跑马比赛[N].申报,1920-3-7(11).
8. 全市人民庆祝三届国庆人民广场今天盛大集会,会后游行示威、入晚狂欢通宵[N].亦报,1952-10-1(1).
9. 人民广场·火树银花全市人民彻夜狂欢[N].亦报,1952-10-2(1).
10. 上海之大小香宾潮[N].申报,1928-3-19(16).
11. 收回跑马厅改建文化城[N].申报,1946-9-14(5).
12. 方巩.跑马厅应作公园[N].申报,1946-3-20(5).
13. 华林.跑马厅改建问题[N].申报,1947-4-6(9).
14. 黄大维,钟宁家.上海外滩建筑群的历史文化价值[N].中华建筑报,2014-2-25(13).
15. 蒋光裕.爱早操的人们[N].人民日报,1956-12-20(4).
16. 金鹏.检阅建设祖国、保卫和平的伟大力量!人民的大喜日在人民广场上[N].亦报,1952-10-2(1).
17. 蹩庐.社会短篇跑马[N].申报,1914-5-7(14).
18. 影呆.跑马总会新厦之落成[N].申报,1934-3-6(27).

附录一　论文访谈对象情况列表

访谈对象编号	性别	年龄	户籍所在地/国籍
A-01	男	70 岁	上海市
A-02	男	72 岁	上海市
A-03	女	64 岁	上海市
A-04	男	66 岁	上海市
A-05	男	72 岁	上海市
A-06	女	48 岁	上海市
A-07	男	50 岁	上海市
A-08	女	22 岁	四川省
A-09	男	68 岁	上海市
A-10	男	25 岁	湖南省
A-11	男	71 岁	上海市
A-12	女	40 岁	广东省
A-13	男	75 岁	上海市
A-14	女	26 岁	湖北省
A-15	男	24 岁	上海市
A-16	女	16 岁	上海市
A-17	男	51 岁	上海市

续 表

访谈对象编号	性别	年龄	户籍所在地/国籍
A-18	女	62岁	上海市
A-19	女	56岁	黑龙江省
A-20	男	73岁	上海市
A-21	女	53岁	上海市
A-22	男	67岁	上海市
A-23	男	62岁	上海市
A-24	女	58岁	上海市
B-01	男	27岁	上海市
B-02	男	28岁	上海市
B-03	男	26岁	上海市
B-04	男	22岁	陕西省
B-05	男	25岁	安徽省
B-06	男	22岁	上海市
B-07	女	25岁	浙江省
B-08	男	30岁	河南省
B-09	女	23岁	俄罗斯
C-01	女	22岁	河南省
C-02	女	22岁	陕西省
C-03	男	25岁	云南省
C-04	男	23岁	江苏省
C-05	男	23岁	安徽省
C-06	女	19岁	海南省
C-07	女	19岁	广西壮族自治区
C-08	女	19岁	广西壮族自治区

续　表

访谈对象编号	性别	年龄	户籍所在地/国籍
C-09	女	21岁	四川省
C-10	男	21岁	上海市
C-11	女	20岁	福建省
C-12	女	20岁	天津市
C-13	女	19岁	甘肃省
C-14	男	21岁	河北省
C-15	男	22岁	江苏省
C-16	女	24岁	江西省
C-17	女	22岁	安徽省
C-18	男	24岁	上海市
C-19	男	26岁	安徽省
C-20	女	22岁	贵州省

附录二　访谈提纲

实地访谈提纲(A组)

一、个人信息

1. 年龄
2. 性别
3. 籍贯

二、在上海人民广场的活动

1. 今天您来人民广场主要是为什么？几点钟来的？和谁一起来的？打算做什么事情？您能描述一下今天您在人民广场上的活动吗？如果是聊天、休息，那为什么选择人民广场？
2. 您来人民广场的频率是多少？通常来这边做什么？除此之外，您还会来人民广场干什么？
3. 您觉得其他人来人民广场主要是做什么？人民广场上的其他人主要在做什么？

三、对上海人民广场的认知

1. 提到上海人民广场，您的第一印象是什么？您对人民广场有什么感觉？您觉得人民广场主要是一个什么样的地方？

2. 请您描述一下人民广场包含哪些建筑物、街道，范围是从哪里到哪里？

3. 人民广场的哪一块空间是您最喜欢的？为什么？

4. 提到上海，您的第一印象是什么地方？您认为外滩和人民广场哪个更能够代表上海？

四、上海人民广场的媒介使用

1. 您关注过人民广场上的媒介吗？您看到过哪些媒介？使用过吗？为什么要使用？

2. 您在人民广场上使用手机吗？主要使用手机做什么？为什么在人民广场上使用手机？

3. 您参加过通过网络、手机召集的在人民广场上开展的活动吗？

五、上海人民广场的集体记忆

1. 您觉得以前的人民广场与现在的人民广场有哪些不同？

2. 您以前来人民广场干什么？现在呢？您认为为什么会有这样的变化？

地点1　相亲角

一、个人信息

1. 年龄
2. 性别
3. 籍贯

二、问题

1. 您为什么会来人民广场相亲角？为什么选择这种方式？
2. 您来这里多久了？
3. 您在这边碰到过什么样的人？有没有新认识的人？现在每周都会碰到吗？聊什么？平时会联系吗？
4. 您到这里来每次都是在固定的地方吗？为什么会选择相亲角这个位置？
5. 您是怎么知道人民广场相亲角的？当时的情景是怎么样的？
6. 您在相亲角用手机吗？主要用来做哪些事情？

地点2　茶馆

一、个人信息

1. 年龄
2. 性别
3. 籍贯

二、问题

1. 您为什么会来人民广场的这个茶馆？
2. 您来这边多久了？多久来一次？
3. 您在这里主要做什么？
4. 您身边的人都在干什么？
5. 请您评价一下这个茶馆的布局设计。

深度访谈提纲(B组)

一、个人信息

1. 年龄
2. 性别
3. 籍贯

二、关于人民广场的历史

1. 您知道人民广场吗？如果知道，是怎么知道的？如果不知道人民广场，您又是否听说过外滩？

2. 您知道人民广场的历史吗？如果知道，是通过什么途径知道的？您是如何看待这些历史的？

3. 您知道人民广场周边现在还有哪些老建筑吗？如跑马总会、国际饭店、大光明电影院等，您对这些建筑有什么看法？有什么感觉？

4. 您见过人民广场的一些老照片吗？您现在看到后有怎样的感受？

三、关于现在的人民广场和人民广场上的交往

1. 提到上海人民广场，您的第一印象是什么？您对人民广场有什么感觉？您觉得现在的人民广场主要是一个什么样的地方？在人民广场上，您主要进行哪些活动？您去人民广场主要是为了做什么？您觉得以前的人民广场与现在的人民广场有什么不同？现在的这种变化对您在人民广场上的活动有什么影响？

2. 您觉得别人去人民广场主要是为了做什么？您在人民广

场上主要看到了哪些活动?

3. 请您描述一下人民广场包含哪些建筑物、街道,范围是从哪里到哪里?

4. 您平时是否会向别人提起人民广场?主要提到的是人民广场上的什么活动?

5. 您觉得人民广场是政治的、文化的还是市民生活的?为什么?

6. 您听说过或看见过人民广场上的英语角、相亲角吗?您觉得为什么人民广场上会有这样的活动?您是特地去看的吗?为什么想去看?看到之后您又有什么感受?

7. 您觉得地铁和地下的空间对于人民广场有什么影响?以前没有地铁的时候您怎么去人民广场?

四、关于媒介与人民广场

1. 您留意过人民广场上的媒介吗?如报刊栏、健身步道的字等。

2. 您平时会关注人民广场相关的新闻吗?如通过报纸、电视、手机媒介等渠道。

3. 您在什么样的新闻里会看到人民广场?什么地方会提到人民广场?

4. 《我在人民广场吃炸鸡》这首歌您听过吗?听过后您对人民广场的联想是怎样的?

5. 您会在人民广场上使用手机吗?您觉得在人民广场上使用手机与在其他地方有什么区别?以前没有手机的时候会在人民广场上做什么?

五、关于人民广场与意义的传递

1. 您觉得人民广场有哪些东西能体现上海的地方文化?有

哪些能与全球化和外来文化接轨?

2. 作为上海人,如果有外地或国外的亲戚朋友来,您会向他们介绍人民广场吗? 为什么?

3. 您知道人民公园里有茶馆吗? 您知道人民公园里有酒吧吗? 您觉得什么人会去这两个地方? 为什么? 您会去吗? 为什么去或不去?

4. 人民广场的哪些建筑是您会去的? 为什么? 哪些您不会去? 又为什么?

5. 您去过外地的广场吗? 有哪些? 与上海人民广场相比,它们有什么不一样?

6. 您去过国外的广场吗? 有哪些? 与上海人民广场相比,它们有什么不一样?

焦点小组访谈提纲(C组)

一、个人信息

1. 年龄
2. 性别
3. 籍贯

二、展示图片并提问

1. 您第一次去人民广场是什么时候? 能具体描述一下当时的情景吗? 到了那里有什么感受? 在这之前您听说过人民广场吗? 如果听说过,他人是怎么形容的?
2. 请说出您经常去人民广场的3个目的。
3. 请您描述一下,您印象中的人民广场包含哪些建筑物、街道,范围是从哪里到哪里?请用3个词形容人民广场。

4. 请观看以下一组照片,用3个词进行描述和形容,并说出原因。

图1:人民广场全景图

图2:人民大厦

图3:风情街

图4:跑马总会

这些建筑物与人民广场上的其他建筑物组合在一起,有什么样的感受?

<u>观看新中国成立后人民广场的照片</u>

提问:您知道人民广场曾经是这样的吗?看到后您有什么感想?与现在的人民广场相比,您会怎么形容当时的人民广场?

<u>观看跑马厅的照片</u>

提问:与现在的跑马厅相比,您会怎么形容当时的跑马厅?

5. 您听过《我在人民广场吃炸鸡》这首歌吗?

<u>收听歌曲《我在人民广场吃炸鸡》</u>

提问:请您用3个词描述听到这首歌后的感觉,并说出原因。

6. 您听说过人民广场相亲角吗?

<u>观看相亲角的照片</u>

提问:请您用3个词来描述一下,并解释原因。

7. 您听说过城市宣传片《上海,灵感之城》吗?

<u>观看《上海,灵感之城》。</u>

提问:请您描述观看后的感受(主要针对人民广场的相关建筑)。

8. 请您谈谈人民广场地下空间与地上空间的关系。

后 记

　　本书是在我的博士论文基础上修改而成的。2014 年,在博士班的经典选读课上,我读到了库蕾的《古希腊的交流》。阅读这本书的过程中,我反复地思考:古希腊的广场传播活动是如此之丰富,对于古希腊城邦的意义又如此之重要,那对于上海而言,广场又是怎样的一种存在呢?在随后的博士论文选题中,我便决定以上海人民广场作为研究对象。

　　在写作论文的过程中,我不断地感受到广场这一城市空间的丰富性。随着城市更新的不断推进,人民广场也不断发生着变化。一个令我大为震撼的例子是,2021 年,当我再次修改论文准备出版时,我惊讶地发现,博士论文完成时(2016 年)还处于闲置状态的跑马总会大楼已经摇身一变,成了上海历史博物馆。当我走进这座博物馆,各种嵌入空间的媒介技术比比皆是,到处都能看到以沉浸、参与、互动为目的的布展设置。上海历史博物馆已经成为一个典型意义上的虚实融合的空间,由此可见,媒介与城市空间越来越不可分离。我还发现,2016 年还对外开放的上海城市规划展示馆,在 2021 年已经进入闭馆重修的状态。如果以上海历史博物馆为想象的标杆,可以预见的是,经过修缮重新开馆的上海城市规划展示馆,必将大量地运用新的媒介技术,成为人民广场上另一个虚实融合的空间。

　　在博士论文完成 5 年后,本书再易三稿,终将付梓。我深知,本书的研究还存在许多不足，所以我的内心充满忐忑。我想借此机会感谢在我求学路上一直给予我帮助、关怀的师长和家人。

首先，我想感谢我在硕博期间的导师——复旦大学新闻学院孙玮教授。孙老师温柔睿智，充满创见。她对学术的热爱、长久的坚持以及不断创新的精神深深地感染着我。每当我充满疑惑的时候，孙老师总能用她睿智的话语启迪我，让我有一种豁然开朗的感觉，也让我对未来的学术道路更有信心。

其次，我想感谢我在博士后期间的导师——复旦大学新闻学院李良荣教授。在李老师门下从事博士后研究，对我而言是最幸运的事。李老师对前沿问题的敏锐和深刻的洞见，让我时刻感受着真真切切的大师风范，他和师母对我们这些年轻学子的殷殷关怀，也让我倍感亲切和温暖。如今，我也循着两位导师的步伐，成了一名高校教师。我常常会想起两位导师在课堂上、在读书会上、在平日相处时对我的教导，并且不由自主地以他们为标杆，希望自己也能成为一个像他们一样的人。

最后，我想感谢上海大学新闻传播学院对我的关怀和对本书出版的支持。我还要特别感谢父母对我的养育，没有他们的关心爱护和支持，就没有现在的我，他们本应过着轻松惬意的退休生活，如今却不辞辛劳，无私地照顾我的孩子。我还要感谢我的先生，他既是我的爱人，又是知心朋友，给予我无限的包容和帮助。我想，岁月静好大概就是如此。我还要感谢我两岁的儿子，每当他用天真无邪的眼睛看着我的时候，我便拥有了全世界。

图书在版编目(CIP)数据

空间可沟通性:传播视角下的上海人民广场研究/钟怡著. —上海:复旦大学出版社,2022.2
(智媒时代的新闻传播研究系列丛书)
ISBN 978-7-309-16119-9

Ⅰ.①空… Ⅱ.①钟… Ⅲ.①城市空间-传播学-研究-上海 Ⅳ.①G206

中国版本图书馆 CIP 数据核字(2022)第 020390 号

空间可沟通性:传播视角下的上海人民广场研究
KONGJIAN KEGOUTONGXING:CHUANBO SHIJIAO XIA DE SHANGHAI
RENMINGUANGCHANG YANJIU
钟　怡　著
责任编辑/刘　畅

复旦大学出版社有限公司出版发行
上海市国权路 579 号　邮编:200433
网址:fupnet@fudanpress.com　http://www.fudanpress.com
门市零售:86-21-65102580　　团体订购:86-21-65104505
出版部电话:86-21-65642845
江苏凤凰数码印务有限公司

开本 890×1240　1/32　印张 7.375　字数 178 千
2022 年 2 月第 1 版第 1 次印刷

ISBN 978-7-309-16119-9/G·2346
定价:46.00 元

如有印装质量问题,请向复旦大学出版社有限公司出版部调换。
版权所有　　侵权必究